子どもの「今」を護れるか

―待機児童問題から見える社会の姿―

前原　寛

創成社新書
60

はじめに

待機児童問題が止まらない。

政府の施策としては、小泉内閣時代の待機児童ゼロ作戦（２００１）から始まり、近年の待機児童解消加速化プラン（２０１３）と取り組まれてきているが、問題が解消する気配は見えない。そんな中、「保育園落ちた日本死ね!!!」（２０１６）というネット上の発言が大きな話題になった。それまでは、深刻ではあるが一部の人の問題と思われていた待機児童問題が、社会の表面に踊り出てきた。

このことを契機に、多くの人の関心が待機児童問題に向けられるようになった。そのことはいいことである。しかし、待機児童問題は、最近になって現れたわけではない。待機児童問題と呼ばれることがほとんどなかった昭和の頃より、連綿と続いている子育て上の大問題である。

それほど長きにわたる問題でありながら、なぜ社会的な注意を引いてこなかったのだろうか。そこには私たちの社会の、子どもへの眼差しの在り方がかかわっている。そのことは、問題が顕在化したとしても、解決に向かう方向性に潜む危うさにつながっている。

待機児童問題は、少子化対策、子育て支援と結びつけて取り上げられることが多い。しかし、第二次世界大戦以降の70年間を振り返ってみると、少し違った様相が見えてくる。それはどのような意味を持っているのか、少し立ち止まって考えてみたい。本書は、そのきっかけになることを願って執筆されたものである。

前原　寛

２０１８年5月

目次

第1章　クローズアップされた待機児童問題

「保育園落ちた日本死ね！！！」

２０１６年2月、待機児童問題が大きくクローズアップされた。それは一通のネット上の発言がきっかけであった。

「保育園落ちた日本死ね！！！」と題されたその発言について、衆議院予算委員会において野党から質問され、安倍首相は「匿名である以上、実際起こっているか確認しようがない」と答弁した。それに対して再びネット上で、「保育園落ちたの私だ」と書き込みがなされ、拡散していき、マスメディアが大きく取り上げる事態となった。

このことをきっかけに、待機児童問題を知った人は多かったと思われる。それまでも散発的にメディアに取り上げられることはあったし、待機児童解消のための政策が論議されることもあった。しかし、その深刻さが、多くの人に知られているとまでは言い難かった。

待機児童問題について意識を向けていた層というのは、乳幼児の保護者（中でも母親）、保育関係者などであり、それ以外の課題認識者はさほど多くなかった。この問題の当事者や関心を持っていた人は、その深刻さも理解していたと思うが、そうでなければさほど強い関心が寄せられていたという感じはなかった。特に、女性より男性の側に意識は乏しかった。そして、上の年齢の世代ほど関心は持たれず、また都会の問題であり、地方や田舎は直接の関係はないという認識の人も少なくなかった。

そこに、当事者の切実な声と行動が重なって、やっと日本社会の重要課題の1つと捉えられるようになった。ただそれでも、待機児童が解消されればいい、というニュアンスの理解の仕方は多い。

それでは不十分だろう。待機児童問題は、近年になって表層に現れたものであるが、深層には少子高齢化社会となった日本のさまざまな課題が複雑に絡み合っている。待機児童問題はその象徴として捉えないと、課題の本質を見損なう危険性がある。それは、私たちの社会そのもののかかえている危うさそのものである。

図表1－1　全国の保育所数の推移

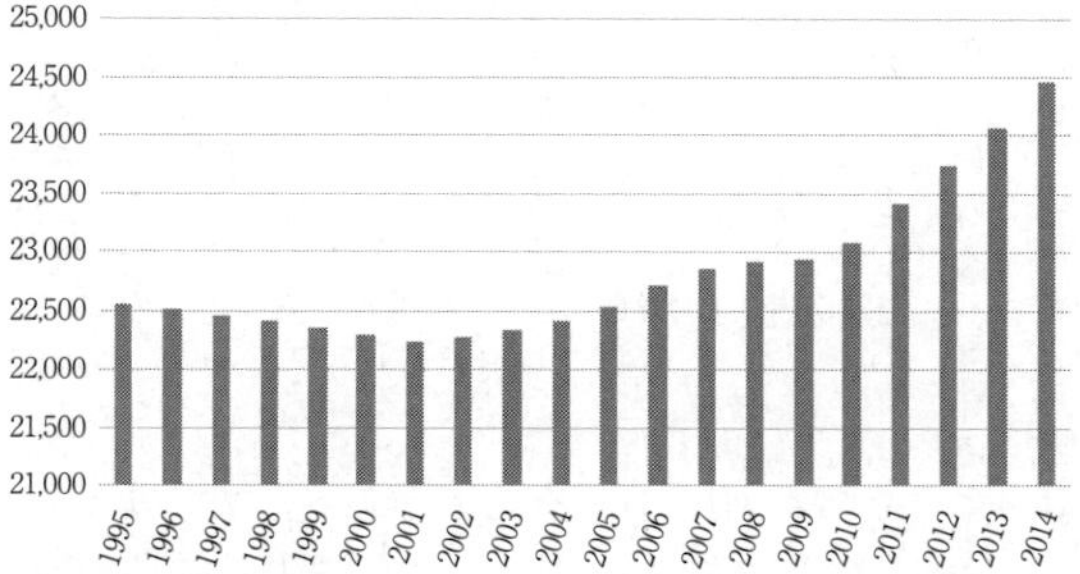

出所：厚生労働省のホームページの統計資料を基に筆者作成。

待機児童ゼロ作戦

待機児童問題がある程度知られるようになったきっかけは、2001年に策定された「待機児童ゼロ作戦」である。当時の小泉内閣において閣議決定され、2004年度末までに、待機児童をゼロにできるように整備を行うものであった。その結果が果たせなかったのは、現在でも待機児童問題があることで明らかである。

待機児童ゼロ作戦で解決できなかったので、それ以降も待機児童解消のための施策が続いている。2008年に「新待機児童ゼロ作戦」、2013年には「待機児童解消加速化プラン」と、次々に施策が策定され実施されているが、解消には至っていない。

では、受け皿は広がっていないのだろうか。そうではない。一般的には、待機児童解消のためには保育所を整備すればいいと思われている。そして、実際に整備は急ピッチで進んでいる。図表1―1は、1995年以降をグラフにした保育所の全国の数の推移データである。

このグラフをみるとわかるが、2001年までは保育所の数は減少している。ここには少子化の影響が窺える。しかし、2002年から増加に転じているのは、待機児童ゼロ作戦によるものである。その後も増え続けていて、2014年には、待機児童ゼロ作戦の始まる2001年と比較すると約1割に相当する2,000か所ほど増えている。

このことから、待機児童を解消するためには保育所を作ることが必要だ、という正論に基づいて施策が行われていることがわかる。少子化で実際の子どもの数が減少していることを考慮すれば、これほど保育所を整備すれば、待機児童は解消していてもおかしくない。しかし、現実には、より深刻化しているような様相である。

なお、先のデータは、2014年までであるが、2015年以降も施設の数は増加している。ただ、2015年より子ども・子育て支援新制度が施行された関係で、単純に保育所の数だけではなく、認定こども園の動向も加わるようになったので、このグラフには反映されていない。そのことを踏まえても、現在に至るまで、施設整備を中心とした待機児童解消のための動きは継続している。

図表1－2　保育の必要性の認定について

1. 概要

○　子ども・子育て支援新制度では，実施主体である市町村が，保護者の申請を受け，客観的な基準に基づき，保育の必要性を認定した上で，給付を支給する仕組み。

○　保育の必要性の認定に当たっては，①「事由」（保護者の就労，疾病など），②「区分」（保育標準時間，保育短時間の2区分。保育必要量）について，国が基準を設定。

2.「事由」について

○　給付の対象となる教育・保育の適切な提供等に当たって施設・事業者に対して求める基準を設定。

現行の「保育に欠ける」事由

○ 以下のいずれかの事由に該当し，かつ，同居の親族その他の者が当該児童を保育することができないと認められること

① 昼間労働することを常態としていること（就労）

② 妊娠中であるか又は出産後間がないこと（妊娠，出産）

③ 疾病にかかり，若しくは負傷し，又は精神若しくは身体に障害を有していること（保護者の疾病，障害）

④ 同居の親族を常時介護していること（同居親族の介護）。

⑤ 震災，風水害，火災その他の災害の復旧に当たっていること（災害復旧）

⑥ 前各号に類する状態にあること（その他）。

→

新制度における「保育の必要性」の事由

○以下のいずれかの事由に該当すること

※同居の親族その他の者が当該児童を保育することができる場合，その優先度を調整することが可能

① 就労

・フルタイムのほか，パートタイム，夜間など基本的にすべての就労に対応（一時預かりで対応可能な短時間の就労は除く）

② 妊娠，出産

③ 保護者の疾病，障害

④ 同居又は長期入院等している親族の介護・看護

・兄弟姉妹の小児慢性疾患に伴う看護など，同居又は長期入院・入所している親族の常時の介護，看護

⑤ 災害復旧

⑥ 求職活動　・起業準備を含む

⑦ 就学　・職業訓練校等における職業訓練を含む

⑧ 虐待やDVのおそれがあること

⑨ 育児休業取得時に，既に保育を利用している子どもがいて継続利用が必要であること

⑩ その他，上記に類する状態として市町村が認める場合

出所：内閣府ホームページ。

実際のところ、保育所の数は増えているが、現実には待機児童の解消には及んでいない。それは、保育所が増加するにしたがって、保育所の入所希望児が増えているからである。このことをまず理解しておかなければならない。

「保育ニーズ」という概念

待機児童問題を考えるとき、外せないのが、保育ニーズである。保育ニーズとは何か、それは、さまざまな要因によって、保育所保育を必要とする状態のことである。法令上は、以前は「保育に欠ける」といわれていたが、2015年度より、子どもの認定を行う仕組みに変わったことにより、「保育の必要性」という用語に変わった。

保育の必要性とは、図表1―2のように示されている。

この表の左側が、以前の「保育に欠ける」事由であるが、現在は右の「保育の必要性」となっている。以前より項目が増え、少し対応が広くなっている。保育の必要性の典型は、両親共働き家庭のように、1日の中で一定時間、子どもの保育が必要とされるような状態である。

これがいわゆる「保育ニーズ」である。保育ニーズを受け入れるだけの容量が保育所側にあれば、待機児童は発生しない。実際、待機児童問題は、全国でまんべんなく起きているわけではない。地域に偏りがある。ある程度大づかみにいえば、大都市部やその周辺、地方の中核都市などで、待機児童は発生していることが多い。その反対に、少子化や過疎化などによって子どもの絶対数が少なく、保育所の受け入れに余裕のある地域も少なくない。全国に視野を広げれば、むしろそちらの方が地域的な広がりは大きいかもしれない。そこでは、保育所の定員が埋まらずに経営難に陥っているところも多い。

都市部では保育所が足りない、地方では保育所が余っている、というアンバランスな状況が生まれている。需要と供給が一致している地域の方が少ないのが現状である。

第2章　3歳児神話と保育所

過疎と過密

前章で、待機児童の今を概観した。そして、2016年のSNSの発言が契機となって大きな課題として上がってきたが、それは今に始まったことではないことにも触れた。待機児童ゼロ作戦は2001年と20年近く前のことであり、それ以来続いている。では待機児童問題は、21世紀になってからの問題だろうか。そうではない。待機児童問題は、早くから生じていた。ただそれが、表面化してこなかったのである。

かつて、「ポストの数ほど保育所を」というスローガンがあった。1960年代である。そのスローガンは、保育所の数が足りないから、郵便ポストの数と同じぐらいの数の保育所を全国に作ろう、という意味である。なぜ、そのようなスローガンが現れたのだろうか。

当時は高度経済成長のまっただ中である。都市臨海の工業地帯は活気に溢れ、全国から過密化の波が押し寄せ、地方出身の若者が都市周辺部には溢れた。過密化する都市部地域において増加した若者たちは、適齢期に入ると次々に結婚した。現在と違い、当時は結婚するのが当然という価値観があり、お見合いではなく恋愛結婚が主流になりつつあったが、結婚しないという選択肢はなかったといってもいいような世相である。都市部に流入した大量の若者の結婚により、子育て家庭が一気に増加した。子育て家庭の多くは、専業主婦家庭になった。

過密化地域は、全国各地から中卒、高卒の若者が、就職に集まってきている。集団就職、就職列車という言葉が普通に使われていた時代である。そこで縁あって結婚するのであるから、地縁、血縁のない中で新婚生活が始まる。たとえば、東京に就職で出てきた、秋田県出身の男性と熊本県出身の女性とが知り合い、東京で結婚するというようなカップルが、大都市圏では普通に見られた。

そして子どもに恵まれると、子育ての始まりである。男性の収入にある程度の見込みがあれば、専業主婦を選択する家庭が増える。当時は、高度経済成長に支えられ、終身雇用のシステムが成立する時期であり、男性1人の収入で、妻と子どもといういわゆる核家族世帯の家計がまかなえていた。

一般に、日本社会の典型と思われているのが、専業主婦家庭である。しかし、それが一般化したのは、戦後の高度経済成長期であることはあまり知られていない。そして、ほどなくして専業主婦家庭は、減少していく。

第二次世界大戦直後までの日本は、農業国家であった。中学校の社会の授業で習うように、江戸時代は農家が約8割だったと推定されている。時代劇でよく見られる武家や商家は少数であった。当時の農家は、代々受け継がれるものであったから、同じ敷地に3世代が同居していた。それは、一つ屋根の下の同居もあったが、隠居という棟を別にする形態も多かった。現在でいう第一次産業が圧倒的多数であったのである。第二次世界大戦直後までは、第一次産業が約半数であった。1950年の時点で、第一次産業は48・5%である(国立社会保障・人口問題研究所ホームページ)。そして全般的に貧しかった。

第一次産業は、現在でもそうだが、女性が家事育児に専念する形態は一般的ではない。貧しい時代は特にそうで、家族全員で仕事も家事も取り組まざるをえない。農繁期ともなれば、地域総出でお互い助け合いながら農作業に勤しむ。その傍らで、子どもたちは遊んだりおとなの手伝いをしたりしていた。

高度経済成長期の過密化の波を作ったのは、第二次産業である工業地帯であった。大工業地帯のある地域に人口が集中することによって、関東、中部、関西のいわゆる三大都市圏が形成されていく。地縁血縁のない若者が集まり、住宅ラッシュが起こり、都市郊外が形成されていく。多摩ニュータウンや千里ニュータウンなどのような巨大団地も出現した。そこに住むのは、大半が地方出身のサラリーマン家庭である。

専業主婦家庭の拡大

当時は、全般的に貧しかった。貧困から這い上がろうとするバイタリティもあった。当時の世相を代表する漫画に、『巨人の星』（1966年～1971年）と『あしたのジョー』（1968年～1973年）がある。いずれも貧困からの脱却を、野球とボクシングという二大人気スポーツに託して描いた、10代の若者の成長物語である。当時の子どもたちは、それを実感として読める状況であった。努力すれば上昇できると、おとなも子どもも毎日をがんばっていた時代である。

そのような勢いを持って、多くの新婚家庭がニュータウンなどで生活を始めた。そのような家庭は、地縁血縁のない状況で、役割分担をせざるをえなかった。収入を得るための仕事を行うものと、家事を行うものとに。やがて子どもが生まれると、家事に育児が加わる。

図表2－1　夫雇用者世帯における妻の就業状態の推移

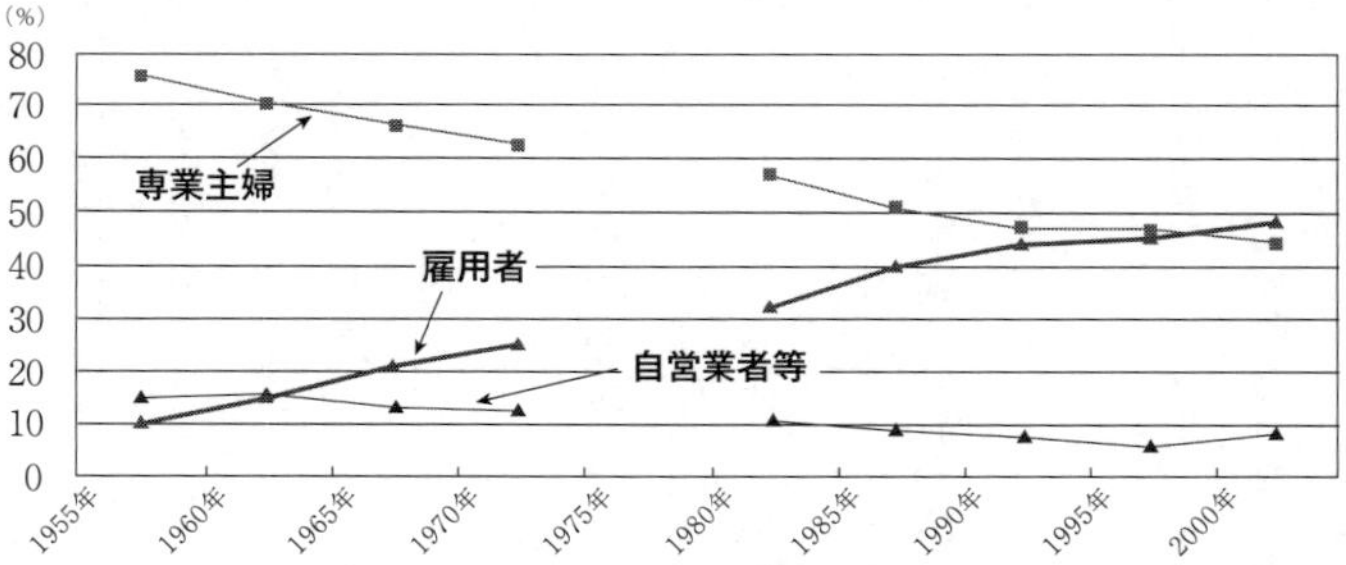

資料：総務省統計局「国勢調査」(1955～1970年)，「労働力調査特別調査」(1980～2000年) より厚生労働省政策統括官付政策評価官室作成。
(注1) 専業主婦は，非労働力の者であり，自営業者等は，自営業者，内職者，家族従業員，農林業を営む者である。
(注2) 夫は非農林業雇用者である。

出所：平成14年版厚生労働白書。

そして、男性が仕事、女性が家事育児という性役割分業が固定化していった。次の図にあるように、1955年頃は約8割の家庭が、専業主婦家庭であった。このことは、現在までも続く、家族形態の幻想をもたらした。すなわち、専業主婦家庭が理想家庭であり、子育ての理想もそこにあると。

しかし、その一方で、夫婦ともに働くことを選択する家庭もあった。それはより収入を増やすためであることが多かった。「男女雇用機会均等法」が策定されるのが1985年である。それまでは、男女平等の就労というのは困難であった。均等法以降も、性による条件の違いが完全に解消されたとは言えないが、それ以前は違いがあるのが当然と思われていた。そのことも、専業主婦家庭を後押しした。

その中で、より収入を求めて女性も働く家庭を、

「共稼ぎ家庭」と呼んでいた。現在なら「共働き」であるが、当時は収入を得るために女性がわざわざ仕事をするというニュアンスを込めて、「共稼ぎ」と呼んでいたのである。つまり、専業主婦家庭より一段低い位置に共稼ぎ家庭は置かれていた。

したがって、当時の保育所は、「共稼ぎ家庭」という、社会において一段低い位置にある家庭の子どもが通う、一段低い施設とみなされていた。事実、筆者は1970年代に、ある女性から、「保育所は、共稼ぎしなければならない家庭のかわいそうな子どもの通う施設だ」と言われたことがある。それに対して、幼稚園は、専業主婦家庭という当時のスタンダードな家庭の子どもの通う施設であるとみなされていた。このように、保育所と幼稚園とを上下関係に見る認識も、当時の世相にはあった。

現在では「共稼ぎ」はふさわしい用語とは言えないので、以下は「共働き」と表記するが、当時、共働き家庭は少数であった。しかし、少数であったとしても、全体の母数が現在とは違い、非常に大きい。

団塊世代と団塊ジュニア世代

過密化現象の原動力となったのは、第一次ベビーブーム、通称団塊の世代であるが、この

図表２－２　婚姻率・離婚率推移（～2017年，2017年は推計値）

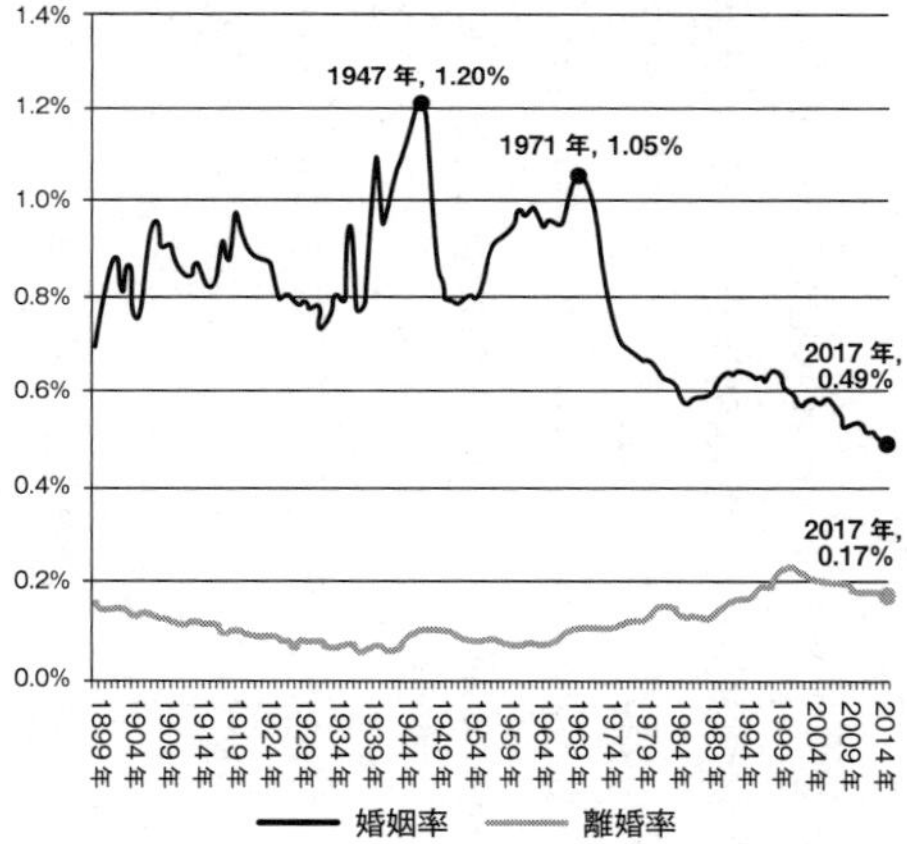

出所：Garbagenews ホームページ。

世代は、年間に2百数十万人が生まれている。現在の年間出生数が約百万人であるから、その2・5倍である。もちろん全員が結婚するわけではないが、団塊の世代の婚姻率は高い。上のグラフでみると、団塊の世代が生まれた1947年の婚姻率は1・20％であり、現在の婚姻率0・49％の2倍以上である。この高い婚姻率が団塊の世代を生み出したのである。同様に、1971年の婚姻率1・05％が、第二次ベビーブームいわゆる団塊ジュニアにつながっている。

保育所に入れない子どもたち

先に、「ポストの数ほど保育所を」のスローガンに触れた。それは、保育所に入れない子どもが多数いることを示している。たとえば、１９６７年の段階で、51万6千人という待機児童の記録が残っている（福川須美（２０１６）「認可外保育施設の運営をめぐって」日本保育学会編『保育学講座２　保育を支えるしくみ―制度と行政』東京大学出版会）。待機児童の定義は、昔も今も厳密には定まっていないが、この数の多さには驚かされる。現在の待機児童数として公表されている数字は、２万６、０８１人（２０１７年4月1日時点）である。4月1日は待機児童の最も少ない時期であるし、潜在的な待機児童はもっと多いと言われている。それを見積もっても、１９６７年の数値は桁違いである。

当時の状況を見てみたい。１９６７年時点での乳幼児は、１９６２年生まれから１９６７年生まれと推定できる。それを計算すると、約１、０１１万人である。当時の専業主婦家庭の割合は約7割であり、共働き家庭や自営業家庭は約3割程度である。自営業家庭は共働きになることが多いことを踏まえると、当時の乳幼児の約３００万人が保育を必要とする状態と推定できる。この計算は大雑把であるが、ある程度の俯瞰が可能であると思われる。

１９６７年の保育所数は、１万2、１５８か所、在所児童数は93万７５４人である。推計であるが、保育を必要とする子どもの数が約３００万人であることを思えば、その3分の1

しか、受け入れ容量がなかったわけである。51万6千人という待機児童の記録も、そう考えると納得される。

現在は、いろいろな手立てがなされながら、それでも待機児童問題が解消されていない。それを思えば、1967年の状況は、もっと厳しかったはずである。当時、「ポストの数ほど保育所を」と言われたのも、そのような背景があったからである。

このように見てくると、待機児童問題がなかった時期があるのだろうかと思われる。地域的な限定をすれば別であるが、おそらく全国的に見たとき、1947年の児童福祉法の成立により保育所の法的基盤が確立されて以来、待機児童問題は連綿と続いてきたのではないかと思われる。ただそれが、社会的な関心事、社会問題化してこなかったという事実がある。

「3歳児神話」の強さ

1960年代からそのような待機児童の課題があったとすれば、そしてそのことを社会的に認識して保育所の整備が進められていれば、現在の待機児童問題はこれほど深刻化しなかったのではないかと思われる。しかし、当時十分な整備は行われなかった。なぜだったのか。それを考えるためには、当時の世相に分け入る必要がある。そうすると、「3歳児神話」

が浮かび上がってくる。

3歳児神話とは、「子どもは三歳までは、常時家庭において母親の手で育てないと、子どものその後の成長に悪影響を及ぼす」（『厚生白書平成10年版』）というものである。同白書では、3歳児神話には「少なくとも合理的な根拠は認められない」としているが、それは1998年のことである。それ以降であっても3歳児神話は根強いものがあるが、それまでは3歳児神話には根拠があるかのように思われていたわけである。

この社会通念が一般化したのは、過疎・過密化現象の起きた時期である。理由は、先ほど述べたように、その時期に地縁・血縁のない核家族家庭が過密地域で増加し、それに伴い専業主婦家庭が一般化したからである。そのことを理由づけるために、3歳児神話が社会通念化したのである。

順番を逆に考えてはいけない。3歳まで母親が常時、家庭で子育てすればいい子が育つということが信じられていたから、専業主婦家庭が増えたのではない。その当時の社会状況が性役割分業を推し進めるものであったから、その理由づけに3歳児神話が現れたのである。

それ以前にも当然、専業主婦家庭はあった。しかし、多数ではなく、むしろ家庭の在り方としては少数であった。

たとえば、「赤とんぼ」の歌詞を思い出してほしい。「負われてみたのは　いつの日か」とあるのは、「ねえや」の背に負われていたのである。三木露風の作詞で1921（大正10）年に発表されたものであるが、その歌にノスタルジーを感じるのは、母親が常時子どもを背負っていたわけではないという現実があったからである。赤とんぼのねえやは実の姉ではないが、古い世代であれば、姉兄や近所の人たちに背負われていたことを覚えている人もいるかもしれない。3歳児神話とは違う世界である。かつてはそれが普通だった。しかし、戦後の一時期、専業主婦家庭が普通の家庭の代表であるかのように思われた時期が現れたのである。その経緯については先に述べたところである。

当時を考えれば、どんどん増えていく専業主婦家庭に対して、地域や多様な人との関わりの中で育てなさいと進言するのは、無理があった。全国から過密化の波に乗って都市部に集中した若者家庭において、男性が仕事に邁進し、経済成長を持続させるために、家庭の中のことを女性に任せるようにすることが、当時の世相であった。エコノミックアニマル、企業戦士という流行語を生み出す社会の土壌を考えれば、3歳児神話が都合のいいことがわかる。

「三つ子の魂百まで」とは

その典型が、「三つ子の魂百まで」の諺の意味の変化である。

「三つ子の魂百まで」は、現在の辞書では、「幼いころの性格は、年をとっても変わらない」(『デジタル大辞泉』小学館、2012年)という意味になっているが、これは3歳児神話の一般化に伴って普及した意味である。3歳までの子育てが大事であり、3歳まで母親が自分の手で育てることを推奨する諺として、このような諺が昔から伝えられている、と主張される。

このような言い方は、現在でも珍しくないが、高度経済成長期は、そのことが特に強調されていた。実際、1970年代、『幼稚園では遅すぎる』(1971年)、『母原病』(1979年)などがベストセラーになっている。

『幼稚園では遅すぎる』は、当時一般的だった3歳児、4歳児での幼稚園入園では、子どもの、特に知的才能の発育には遅い、それまでに家庭で母親が才能の伸張のための教育を積極的に行うべきだという、早期の知的教育をすすめたものである。当時は熱狂的な歓迎を受けたベストセラーである。

『母原病』は、子どものさまざまな問題は、母親の愛情に帰着するとして、母親が子どもと密着して過ごすことを過度に強調していた。ボウルビーの愛着理論を母親一人に限定するかのような主張によって、母親の子育てを絶対視したものである。

付け加えておくが、愛着は子どもの発達において重要であるが、愛着が形成されるのは母親1人に限定されるわけではない。もしそのように限定されるのであれば、母親不在の父子家庭などは、子育てはできないことになる。しかし、歴史上でもまた周囲を見渡しても、母親不在であっても立派に育った例は枚挙に暇がない。そのように考えれば、愛着を母親1人に限定することのおかしさは明らかである。

どちらの本も、専業主婦家庭の子育てを前提にしている。それ以外にも多くの本や雑誌が、専業主婦家庭向けに出版されていた。共働き家庭や、母子家庭などの単親家庭などは、非常に肩身の狭い思いをさせられていた。

そのような風潮を補強するのに、「三つ子の魂百まで」という諺は使われていた。しかしこれは、本来の意味用法ではない。

この諺は江戸時代にはすでに使われている。ではそのような意味だったのだろうか。『発達心理学辞典』によると、次のような説明が記されている。

「日本人の抱く子どもの霊魂に対する考え方を示す口碑である。あの世からこの世に霊魂が移動し、生命の誕生が行われたという考えは、出産の持つ超自然的性格にもとづいている。出産時には、霊魂の状態が不安定であり、すぐにでもあの世に戻ってしまうのではないかと人々は考え、さまざまな祝いを行った。……儀礼を重ねていくにつれ、次第に霊魂が身体内部に固定されたと考えるようになる。それはだいたい2、3歳頃を折り目とした。……そしてこの時期に定まった幼児の霊魂はおそらくその人の生涯を通じて固定しているものと昔の人は考えており、それが一つの口碑になったものと思われる。」

（『発達心理学辞典』ミネルヴァ書房、1995年）

この説明をもう少し詳しく見ていきたい。「三つ子の魂百まで」の諺は、三つ子、魂、百まで、と3つに分かれる。

「三つ子」は、3歳の子どもである。しかし、江戸時代と今では、年齢の数え方が違う。江戸時代は、数え年である。数え年の数え方は、現在では知らない人が多くなった。そもそも数え年自体を知らない人も多いが、知っている人であっても、「満年齢に1歳加えたもの」

と理解している場合が多い。それは正確ではない。

正確に言うと、出産誕生したとき、1歳と数える。現在のように、生まれたときを0歳とする感覚からすると、いささか驚く。しかし、母胎に十月十日いた期間を1年とカウントすると考えれば、むしろ納得するのではないだろうか。赤ちゃんは母胎にいるときに、すでに1人の人間としてみなされているから、産まれたときにすでに1歳。そして正月を迎えると、年齢を加算する。つまり年を取るわけである。

江戸時代は、旧暦（太陰暦）であるから、現在の正月とは季節がずれる。旧暦の正月は、現在では2月頃になる。たとえば、２０１８年の旧正月は、2月16日である。寒さはまだ厳しいが、大寒は過ぎ、日も長くなり、少し春めいてくる時期である。年賀状に、「賀春」などと書くのは、その名残である。

太陽暦による現在の正月は、まだ大寒を控え、寒さの本番はこれからという時期だが、旧暦では寒の峠を越した頃である。春の兆しがほのかに見え、新しい年の始まりに、全員が年を取る。つまり、元旦が全員の誕生日である。新年の始まりであると同時に全員の誕生日であるから、よほどめでたい。その名残で、現在も正月は賑々しい雰囲気になる。韓国や中国などでは、現在でも旧暦の正月が、にぎやかである。日本は新暦、太陽暦になっても、正月を言祝いでいる。

しかし、現在と昔では、年齢の感覚が違うのである。「門松は　冥土の旅の一里塚　めでたくもあり　めでたくもなし」という歌があるが、これも新年の元旦に年を取ることの実感によって歌われている。

数え年の数え方は、1月1日生まれを例に取るとわかりやすい。生まれたときが1歳であり、1年経って元旦を迎えると数え年2歳になる。現在でいえば、満1歳である。もう一年経った元旦が数え年3歳であり、「三つ子」になる。現在でいえば満2歳である。

それが、12月31日生まれだとどうなるだろうか。生まれたときが数え年1歳であるが、1日経つと正月になるので、その時点で数え年2歳になる。現在でいえば、生後1日である。そして2回目の元旦を迎えたとき、数え年3歳「三つ子」になるが、現在でいえば満1歳と1日である。

現代人は、「三つ子」を3歳の子と理解したとき、満年齢の3歳、つまり誕生以来丸3年経った子どもをイメージする。もうすぐ幼稚園の入園である。

しかし、本来の「三つ子」は数え年なので、最低でも満1歳を過ぎた子どもという意味である。満1歳未満は乳児と呼ぶが、昔も「乳飲み子」と同じ意味の呼び名である。

次に「魂」であるが、これは「人間、さらにはひろく動物・植物などに宿り、心のはたらきをつかさどり、生命を与えている原理そのものと考えられているもの。」(『日本国語大辞典　第二版』小学館、2007年)という意味である。現在の感覚では非科学的に聞こえるが、それでも人が亡くなるとそこから何か抜け出るのではないかという感覚は、現在でもある程度残っている。それが魂である。命と体をつなぎ止めるものであり、それが抜け出るということが「死ぬ」ということになる。その抜け出た魂が、去らないまま近くに浮遊しているような状態を、「人の魂すなわち人魂(ひとだま)が飛んでいる」と表現したりする。

「百まで」というのは、百歳までという意味で、現在は百歳を超えた高齢者も珍しくなくなってきたが、江戸時代の頃は、超長寿である。つまり、長生きするという意味である。

このように意味をたどると、「三つ子の魂百まで」という諺は、「少なくとも満1歳を越えた子どもの魂はそう簡単には抜け出ることなく長生きできるだろう」という意味になることが理解できる。先の辞典の説明もそうなっている。

乳児死亡率の変化

この諺の意味には、赤ちゃんが死にやすかったという時代背景がある。

図表2－3　乳児死亡数・死亡率の推移（～2015年）

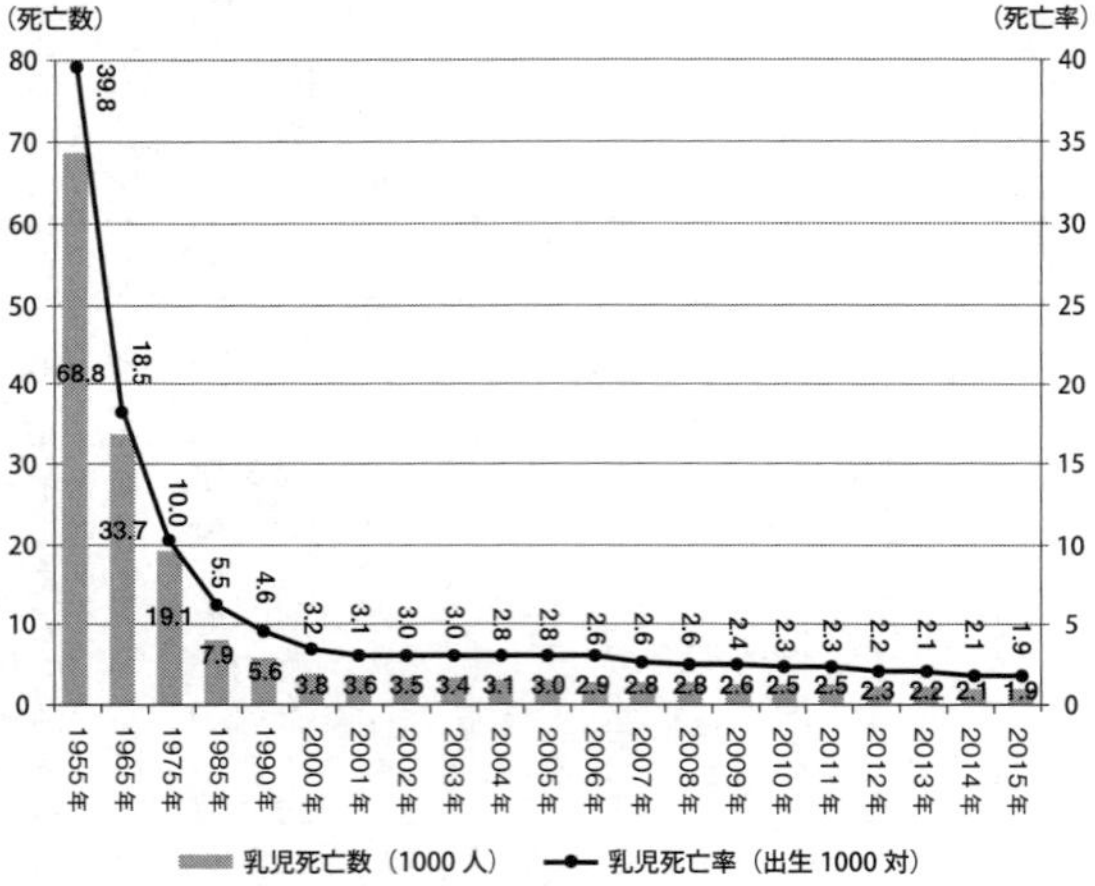

出所：Garbagenewsホームページ。

現在でこそ日本は、乳児死亡率が世界でも極めて低い水準にある。それは次のデータをみればわかる。日本は、1、000人当たり2、すなわち0・2%で、ヨーロッパ先進国と比較しても低い数字である。日本の乳児死亡率は、世界でも最低水準にある。

しかし、数十年前の第二次世界大戦後の貧困状態では、日本の乳児死亡率は高かった。1955年で1、000人当たり39・8すなわち3・98%である。戦後10年経った時点で、25人に1人の赤ちゃんが亡くなっていたわけである。これは、現在の発展途上国の数字に近いものである。それから数十年、現在のような低水準にまで、医療や社会環境などが整ってきている。

図表2－4　乳児死亡数・死亡率の推移

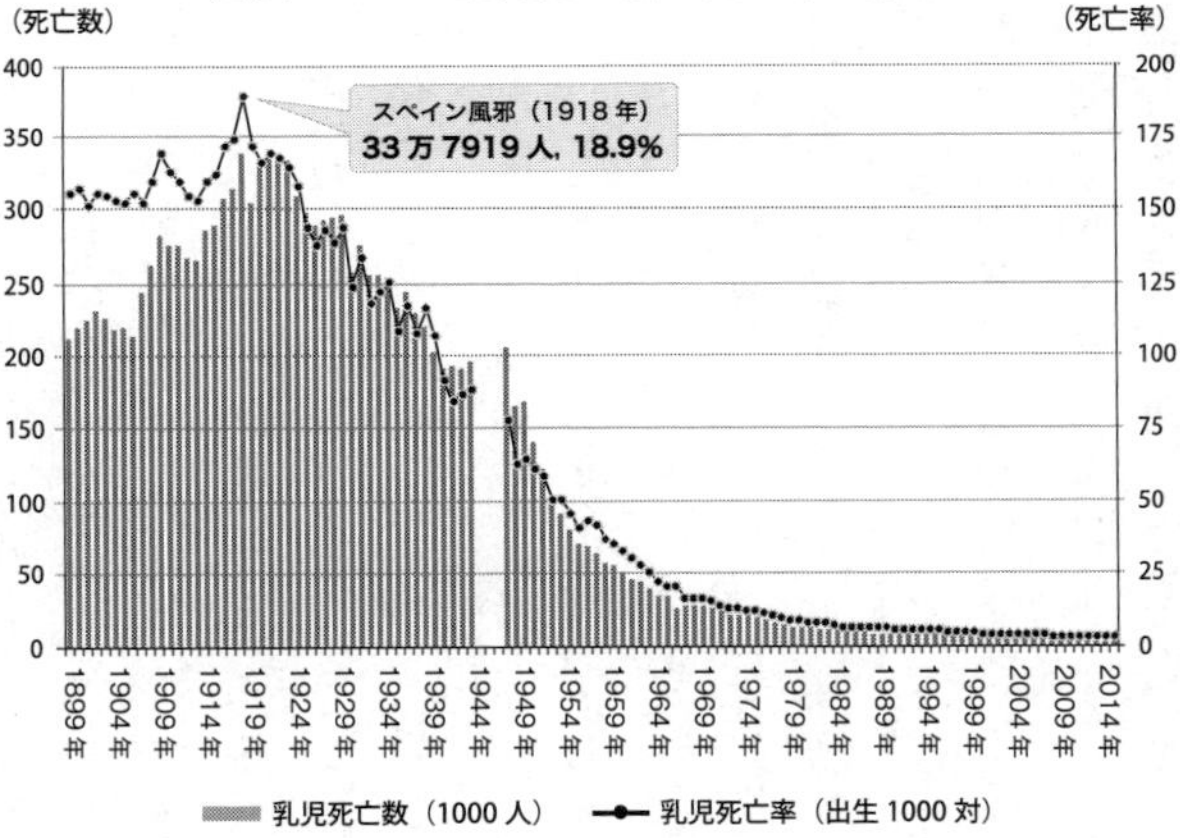

出所：Garbagenews ホームページ。

現在の長寿国としての日本の下支えは、高齢者の医療の発達だけでなく、乳児死亡率の低下も大きな要因となっている。平均寿命の長くない発展途上国においては、乳児死亡率も高いことが多い。

日本もかつてはそうであった。わずか100年ほど前にスペイン風邪というインフルエンザが猛威を振るった時期がある。そのときの乳児死亡率が18・9%、つまり5、6人に1人の赤ちゃんが亡くなっている。現在からは想像しにくいが、そんな昔の話ではない。現在100歳を越えている長寿の方々は、そんな乳児死亡率の高かった頃に生まれて育ってきたのである。

このようにみてくると、それ以前、たとえ

ば江戸時代は、乳児死亡率はよほど高かったと推定できる。5人に1人かどうかはわからないが、生まれた赤ちゃんが無事育つことは、当たり前のことではなかったと言えるだろう。そんな背景を考えれば、乳児を抜けて数え年三つ子、すなわち満1歳を無事に超えることができれば、その後は成長できるだろう、という願いを持つのも無理ないことである。そんな思いが込められているのが、「三つ子の魂百まで」の諺である。

そのような諺は、他にもある。「七つまでは神の子」と言われるのも、子どもは神様のように純真だという意味ではなかった。この七つも数え年7歳であるから、現在では満5歳を越えたところ、すなわち幼児期の終わりを意味している。現在の小学校就学年齢に近い。つまり幼児、幼子（おさなご）である。幼児期も、乳児期ほどではないが、命を失いやすい時期である。7歳まではいつ死ぬかわからないから、自分の子と思わず神様の子と思いなさい、と諭しているのである。

「七つの子」というカラスの歌に、「かわいい七つの子があるからよ」という歌詞があるが、これは7羽の雛カラスがいるという意味ではない。それではいささか多すぎて風情がない。これは7歳の子という意味であるが、実際のカラスの7歳ではない。それではもう大ガラスである。これは、人間にたとえて、数え年7歳の子に相当する、かわいい盛りの、そしてこれから大きく育っていくカラスの雛のことである。

三つ子という乳飲み子、七つという幼子（おさなご）、それらを生き抜くことの困難な時代に、何とか成長してほしいという願いのこもっているのが、「三つ子の魂百まで」であり「七つまでは神の子」である。それを思えば、「七五三」のお祝いも、単なるめでたい行事ではなく、子どもの無事の成長を願う愛しい気持ちのこもった行事であることが理解される。

「三つ子の魂百まで」は、「幼いころの性格は、年をとっても変わらない」という意味とは違っていたのであるが、それが戦後の高度成長期の世相を反映して、いつの間にか意味が大きく変化したことがわかる。当時は、豊かになり思うようになると感じられていた時代である。実際、乳児の死亡率も低下しつつあり、生まれた子どもが、乳児期、幼児期を過ぎて成長することが当然と思われるようになってきた。それに合わせて、専業主婦家庭が多数を占めるようになったという背景もある。

少し考えれば、3歳児神話には根拠がないことがわかる。古くより、上流階級では、母親が直接子育てするのではなく、乳母と呼ばれる子育て専従者がいることが多かった。また、女性にとって出産は自分の命と引き替えにすることもあるような難事業である。医療の整っていない時代は、出産で命を落とす母親も多かった。実母のいない子どもも数多かったのである。そんな中で子どもがしっかりと成長した例は枚挙に暇がない。両親が揃い、母親が子育てに専念して子どもがすくすくと育つこともあるが、その逆に子どもが問題を起こした例もいくつも見つかる。

そう考えれば、母親が自分の手でいつも子育てをすることを、理想の子育てとするのはおかしいとわかりそうなものであるが、当時の社会情勢はそうではなく、3歳児神話が神話ではなく、現実における素晴らしい子育てとみなされていたのである。

もちろん、3歳児神話に合理的な根拠がないということは、専業主婦家庭の子育てを全否定しているわけではない。そうではなく、母親が常時、家庭で子育てに専念することがいいか悪いかではなく、本来、子育てには多様な在り方があったはずである。また家庭内だけにとどまらず、地域全体で子育ては支えられるものである。

子育ての在り方の多様さを、3歳児神話が覆い隠していったことを、ここでは問題にしている。専業主婦家庭の子育てと共稼ぎ家庭の子育てとを比較して優劣を論じるような眼差しが強くなり、専業主婦家庭の子育てに軍配を上げていくような捉え方が、問題の根っこにある。そこを取り違えてはいけない。どちらの子育ての仕方がいいかという捉え方は、そもそも成立しない問いなのである。

見えなくなった共働き家庭

3歳児神話の影響は、共働き家庭の潜在化に及んだ。共働き家庭の子育ては、「ポストの数ほど保育所を」という運動が起きたように、全体としての割合は少数でも、絶対数としては決して少なくはなかった「保育を必要とする」家庭であった。それが、絶対多数の専業主婦家庭の陰に隠されてしまった。

それが当時の待機児童の多さの背景にあったものである。3歳児神話による社会通念が覆っている社会では、「ポストの数ほど保育所を」と、それなりに保育所の整備が進められても、十分な数を用意するには至らなかった。

高度経済成長からバブル期にかけて、日本全体が豊かになり、保育所をはじめとする児童福祉に目を向け、財源を配分する余裕はあったはずである。しかし、その深刻さは表面化しなかった。

高度経済成長期において児童福祉と対照的なのが、高齢者対策である。当時は高齢者の比率がまだ低く、日本は若く元気のある社会だった。その勢いのまま高齢者を支えようと、医療保険の無償化が進められた。それが1973（昭和48）年である。当時は田中角栄内閣であり、1972年を「福祉元年」と位置づけ、社会福祉、社会保障の充実を目指すことを宣言した。その成果として、70歳以上の高齢者の医療費の自己負担を無料にしたのである。また、1986年には「長寿社会対策大綱」が閣議決定され、それを受けて1989年にゴールドプラン（「高齢者保健福祉推進十か年戦略」）が策定された。このように、社会福祉とは高齢者対策であるという認識が強く、それ以外の分野には、目が向けられることは少なかった。児童福祉も例外ではない。

そのような背景もあり、保育所の整備は進まなかったが、さらに深刻な問題があった。それは当時の世相が3歳児神話を前提にしていたので、整備された保育所が、3歳未満の子どもの受け入れに消極的だったのである。特に乳児（0歳児）は、母親が家庭で子育てをするという前提で保育所が整備され、乳児を受け入れる条件の整っていないまま整備が進められた。つまり、当時の保育所は、乳児保育を前提にしていないところが多かったのである。

乳児保育指定保育所

「乳児保育指定保育所」という名称の制度がかつてあった。馴染みのない名称であるが、保育所の歴史をたどる中では無視できないものである。これが制度化されたのが、1969年である。言い換えれば、この制度の対象になっていない保育所は、乳児を預からないことになる。この制度については、一般にはあまり知られていないので、少し説明を加えたい。まず、「乳児保育指定保育所」という名称が奇異に聞こえる方もあると思う。乳児つまり0歳児の保育を実施することが指定されている保育所、という意味であるから、乳児の保育を特別視しているように思われる。事実、乳児の保育は、当時の保育所においては特別視されていた。

乳児というのは0歳児である。1歳になると小学校就学まで幼児と呼ばれる。この区分は児童福祉法に示されたものであるが、乳児と幼児を区分するのには理由がある。それは、発達の姿が大きく変化するからである。一般的にわかりやすい区分の特徴は、歩行と発語である。乳児は歩けないし発語もまだである。幼児は歩けるし言語発話が可能である。もちろんこの区分は、満1歳の誕生日できれいに分けられるものではないが、大まかに見るとわかりやすい区分である。それに、乳児という字義通り乳を飲むのもその時期の特徴であり、卒乳していくと幼児期に入る。

保育所は、保育を必要とする乳幼児を保育する施設であるから、乳児も幼児も対象とするのが本来である。しかし、子どもの発達上の特徴から、幼児を保育するのとまったく同じ設備で乳児を保育することは望ましくなく、そのための条件整備が必要となる。それを示したのが、乳児保育指定保育所である。
ではどのような設備要件かというと、次のようなものになる。

乳児が3人以上入所していること
保母が乳児3人につき1人配置されていること
乳児1人につき5平方メートル以上の広さが確保されていること
調乳室及び沐浴室（いわゆるシャワー設備）を設けること

ここでは簡略化して示したが、概ねこのような条件整備がなされている保育所は、指定を受けて乳児の保育を実施できるという制度である。言い換えると、多くの保育所は、乳児用の設備を整えていなかったという実態が、その背景にある。
ここで不思議に思う方もあるかもしれない。そもそも保育所は乳幼児を対象にしているのだから、当初からこれらの設備は備わっていなければならないのではないか、という疑問である。実はそうではないのである。児童福祉法の基準に沿って認可された保育所であるためには、当然必要な基準を満たさなければならない。しかし、その最低基準には、乳児保育用の要件はなくてもよかったのである。

正確な言い方をするならば、

① 乳児又は満二歳に満たない幼児を入所させる保育所

② 満二歳以上の幼児を入所させる保育所

という区分があり、その基準が微妙に異なっている。①は2歳未満の子どものみを対象にした保育所であり、②は2歳以上の子どものみを対象にした保育所である。

現在の保育所は、①と②の両方の基準を備えているのが一般的である。しかし、過去においてはそうではなかった。むしろ②の意味での保育所が一般的であったのである。①を備えているためには、乳児保育指定保育所として要件を満たすことが必要であった。

ここで、少し混乱するかもしれない。乳児保育指定保育所というように、乳児すなわち0歳児の保育を意味していながら、①では2歳未満という区分になっているのはおかしいのではないかと思われるだろう。

これは、年度を通しての保育を前提にしているからである。乳児保育というのは、4月1

日の年度始めの時点での乳児を意味している。例えば、4月15日生まれの子どもが誕生日前の4月1日に入所したら、その子は乳児である。それが1年間適用される。年度末の3月には1歳11か月になる。これは法律上の区分ではもう乳児ではない。しかし、保育所においては乳児保育の対象となる。このことの整合性を保つために、①のように2歳未満の子どもという括り方をしているのである。

保育所の制度や運用には、このように一般的に理解しづらいところが結構ある。本書では煩雑さを避けるために、なるべくわかりやすくなるように記述したいと思っているが、このような複雑さもあることをご理解いただければありがたい。

ここまで述べたように、保育所は乳幼児の保育施設であると法律上は示しながら、②のように2歳以上の幼児のみを対象にしていても認可基準はクリアできたのである。当時は、多くの保育所がそのような体制であった。逆に①のみの保育所も基準上は可能であるが、そのような保育所は非常に少なかった。

わかりやすい言い方をすれば、保育所は幼児の保育施設ではあるが、乳児の保育はオプションであり必須ではなかった。このオプションが、乳児保育指定保育所である。

乳児保育指定保育所の制度は、1997年をもって廃止された。1969年から28年間続いたことになる。廃止された時点での乳児保育指定保育所の割合は、全保育所の41％である。1997年といえば約20年前である。その時点でも、乳児保育の指定を受けていた保育所は、約4割、全体の半分もなかったのである。それ以前のデータが明らかではないが、1969年に制度化されて以来、乳児保育の指定を受けていた保育所は少数であったことは明らかである。

1998年以降は、基本的にすべての保育所が乳児を受け入れられるように制度が変更され、そのための条件整備も進められてきている。先ほどの言い方に倣えば、②のみの保育所から、①も②も備えた保育所へと変化してきている。

1997年までの乳児保育指定保育所の少なさは、保育所が乳児を受け入れることに消極的だったことを物語っている。この背景に3歳児神話がある。赤ちゃんは家庭で常時、母親によって育児されているのが当然であり、そうではない家庭には、少数の乳児保育指定保育所が対応すれば間に合う、という認識である。このような認識は、乳児保育のニーズの強さという実態とはかけ離れていたのであるが、そのことが当時は見えていなかった。

実際、乳児の保育は、保育所の重要項目とみなされていなかった。当時は、保育士ではなく保母と呼ばれていたが（名称が変更されたのは1999年）、保母資格の取得のためには、保母養成の学校である短大や専門学校を卒業することが一般的であった。その始まりは1948年である。しかし、しばらくの間、「乳児保育」は必修科目になっていない。「乳児保育」が必修化されたのは、1970年である。それまでは、形式的にも乳児保育を学ぶことなく、保母になり保育所で保育することが可能だったのである。

1997年においても乳児保育指定保育所は全体の41％であったのであるから、それよりさかのぼればさかのぼるほど、保育所に乳児がいないということが一般的であった。さらに、保育所での保育は年度という1年間が単位であるから、先に述べたように、乳児保育は2歳近い年齢までが対象になる。したがって、満2歳以上の子どもしかいない保育所が、当時は珍しくなかった。この背景に3歳児神話があったことは、これまで述べたとおりである。

さらに、3歳児神話の影響は、保育時間にも及んでいる。3歳までは母親が子育てをすべきである、3歳を越えても母親から離れる時間は長くなってはいけない、という通念があり、保育所の保育時間は、午後5時より早いところが多かった。幼稚園よりは長いが、共働き家庭であっても、母親はパートタイムでの勤務を想定するぐらいの保育時間であった。それでも幼稚園よりは長い（当時の幼稚園は預かり保育がなかった）。その子たちが卒園して小学生になると、午後早い時間に帰ってくる。これが当時「カギっ子」として問題になったものである。これは現在まで続く学童保育の課題であり、これも大きな社会問題である。本書では別のところで言及する。

ベビーホテル問題

１９６０年代から70年代にかけて３歳児神話の影響が色濃く広がる中で、共働き家庭を中心とした保育を必要とする子どもたちは、見えなくなっていった。保育所も乳児から預からない。保育時間は、フルタイムの勤務に対応していない。そんな中で、共働き家庭は綱渡りの子育てを余儀なくされる。そして起きたのが、ベビーホテル問題である。

１９８０年から81年にかけて、ベビーホテルと呼ばれる認可外保育施設において、35人の子どもが亡くなる事件である。当時、ＴＢＳがスクープし、各種マスコミにより大々的に報道された。たとえば、朝日新聞では、「一九八〇年一月から一九八一年三月一一日までにベビーホテルで三五名の死亡事故」（朝日新聞、１９８１年３月12日）と報道されている。

当時の管轄である厚生省は、緊急にベビーホテル調査を行った。ベビーホテルとは、「乳幼児の保育施設であって、夜間保育、宿泊を伴う保育、または時間単位での一時預りを行っているもの」と定義されているが、そのような施設は、全国で587か所、入所児童が約1万2千人となっている。

この結果は、当時思われていたよりも多かった。しかも、当初は東京や大阪などの大都市圏での出来事として報道されたため、都会の話であり地方は無関係と思われていたが、次の結果を見るとわかるように、確かに大都市圏に多いが、ほぼ全国の地方都市にベビーホテルは存在していた。

地域別のベビーホテル数

東京169、大阪44、北海道（主に札幌）36、福岡17、沖縄20、静岡16、愛媛15、広島14、名古屋市26、京都16、青森15、宮城、福井各11、鳥取10、神戸市、徳島各9、横浜8、北九州、千葉、神奈川、兵庫、岡山、鹿児島各7、長野、埼玉、高知、長崎、広島市、福岡市各6、福島、茨城、富山、香川、大分各4、栃木、岐阜各5、秋田、群馬、石川、愛知、滋賀、島根各3、奈良、山口、宮崎各2、岩手、山形、新潟、山梨、三重、佐賀、熊本各1か所

（郷地二三子『地域に根ざした保育園』中央法規、1995年）

ベビーホテルは、認可外の施設であるので、当時は役所の管理を受けていなかった。補助金もないため、保護者の保育料で運営されていたが、基準はなかったのである。いわゆる園舎という建物がなく、一般住宅のワンルームで子どもを預かることも可能である。庭も必要ないし、保育者に資格も要求されない。したがって、狭い場所に子どもをぎゅう詰めにするような状態であっても、それを取り締まる法律はない。

当時、TBSの報道の中心であった堂本暁子は、次のようなベビーホテル訪問記を書いている。

私の見たベビーホテル（堂本暁子）

私は豊島区のある保育園に泊まってみた。16畳ほどの部屋に0歳児から小学生までの子どもが46人。文字通り足の踏み場もないありさまだ。場所が狭いので、2人の保母さんが、2度に分けて子どもたちに食事をさせる。パジャマを着せ、日によってはおフロにも入れるから、戦争のようなさわぎだ。

10人ほどの赤ちゃんたちに離乳食とミルクをあげる番が回ってきたのは夜の8時過ぎだった。1歳になるなおちゃんが、全速力でハイハイして保母さんに近づき、ひざ頭にしがみついた。疲れ切っているのだろうに、そんな、なおちゃんに笑いかける保母さん。生後2カ月半でこのベビーホテルに頂けられて以来、なおちゃんは10カ月もの間、一度も家に帰っていないのだ。時々、様子を見にくる母親に「お母さんが自分で育てないと、なおちゃんはだれがお母さんなのか、わからなくなりますよ。早く連れて帰ってあげて下さい」と経営者にかくれて忠告する保母さんに、お母さんは寂しくうなづくだけ。彼女がどんな生活をしているのか想像もつかないと保母さんはいった。

その夜、私はなおちゃんの隣に寝た。4畳半に赤ちゃんばかり10人も寝ているのだから、うっかり寝返りもうてない。午前3時、保母さんたちは、2時間ほど仮眠しただけで、朝食の用意を始めた。5時には子どもたちに食事をさせないと、7時に出発する送迎バスに間に合わないからだ。

ベビーホテルは、保育園はもちろんのこと乳児院、養護施設、学童保育、一時預かり、病児保育から育児相談まで、実に多くの機能を果たしている。そのことが、かえって、預けられた子どもたちにとって不幸ともなる。特に長期滞在児の問題は大きい。

5歳になるたかとし君のお母さんは、日曜日には必ず迎えに来ていたのに、3カ月ぐらい前からぱったりこなくなった。最近、たかとし君は、他のお母さんが迎えにきても戸口まで出ていく。お母さんを待つ気持ちがつのっているのだろう。「たかとし君のお母さん死んじゃったんだよ」とその言葉の重みもわからずに、他の子どもがからかった時、たかとし君は外へ出て大声で泣いていた。たかとし君だけではない。1年、2年とベビーホテルに放置されている子どもたちは、他の子たちが母親や父親と帰ったあと、常に取り残される。

「どんなに愛情に飢えているか、見ていてよくわかります。でも、あまりに忙しくて何もやってあげられません。」そういいながらも、母親にかわって真剣にしかり懸命に子どもたちを育てる保母さんたち。だが、そんな保母さんの1人は、自分のやれることに限界を感じ、ベビーホテルのあり方に疑問を抱いたといって、最近、職場を去った。なおちゃんのことを思うと、後ろ髪を引かれる思いだったという。

（初出／みちみだい・1982年 1月より抜粋、【堂本暁子のメールマガジン】2000／7／15）

これを読むとわかるように、ベビーホテルと呼ばれているが、それはシティホテルのようなものではなく、木賃宿のイメージの方が近い。もちろん、当時も良心的なベビーホテルもあったろうが、劣悪な条件の施設が多かった。保育料のみでの運営は、保育環境を厳しいものにしていた。

そのような事実が明らかになるにつれて、さまざまな実態も明らかになってきた。ベビーホテル問題が報道された当初は、そのような施設に子どもを預けている母親は、夜の仕事、たとえば水商売のような仕事に従事している母親だろうという偏見がまかり通っていた。これ自体が、現在からみると差別的な発言であるが、当時は、3歳児神話が社会通念として強い影響力を持っていた時代である。普通の家庭であれば、母親が家庭で子育てに専念しているから、ベビーホテルのような施設に預けるはずがない、というバイアスが強く働いていた。

しかし、実態が明らかになるにつれて、異なる様相が現れてきた。当時の調査で、ベビーホテルに預けている母親の状況は、次のようになっている。

ベビーホテルの利用者の状況については、TBS調査（昭和56年8〜10月実施）によれば、東京都内208か所の利用者450人に行った面接調査で、以下のような結果となっている。
①母親の職業は、会社員23・6％、水商売17・1％、自営業10・4％、教師・公務員など9・8％である。
②年齢別では、25〜29歳が38・9％、30〜34歳が37・1％である。利用者の14・2％が母子家庭であり、0・7％が父子家庭であった。
③子どもを預けた理由は、「仕事をするため」が90・2％に達し、習い事が2％、病気・冠婚葬祭0・4％、旅行・レジャー・買物が0・2％で、いかに働く母親の利用が多いかを示している。
④預け始めの子どもの年齢では、0歳児が40％、次いで1歳児28・9％と、2〜3歳児の25・8％が同程度の比率を占めている。主として0〜2歳頃までの乳児が80％以上を占めているのである。

（郷地二三子『地域に根ざした保育園』中央法規、1995年）

これをみるとわかるように、水商売関係者もいるが、OLや専門職、公務員までいる。なぜ、このような職種の人たちが、ベビーホテルを利用しているのか。それは、保育所の対応が不十分であったからである。当時、保育研究者の岡田正章は次のような文章を書いている。

ベビーホテルを利用しているひとたちに、産休明けから子どもを預けて働かなければならない人が多い。これは、認可保育所が生後三か月ないし六か月以降の乳児を受け入れるが、産休明けの乳児を預からないからだという。

また、ベビーホテルでの子どもの退園時刻は、午後五時以降のものが七十パーセントを占めている。六時から八時までのものが約二十パーセントいる。認可保育所では、東京でも午後五時以降のものは約三二パーセントにすぎない。つまり、認可保育所の保育時間が、働く母親、保護者が必要とする保育時間では役立たない。いわゆる長時間保育が保護者の必要に即して行われていないから、保護者の要望どおり、いくらでも長く預ってくれるベビーホテルが多くなるといわれる。こうした利用者には、母親が医師、教員、看護婦、新聞記者など報道関係に勤務するものが多いという。

（岡田正章「保育需要とこれからの保育所の役割」『保育の友』1981年7月号）

この文章だけだと、保育所は生後6か月以上の赤ちゃんは預かっていたような印象を受けるが、0歳児や1歳児の受け入れは、先述したように、ごく一部の保育所でなされているだけであった。そして保育時間も、東京という、働き手が最も多く、最も多様な都市において、午後5時以降も開いている保育園は、3分の1に過ぎない。これではフルタイム勤務はできない。

ワーキングマザーの増加

1970年代から80年代にかけて、3歳児神話が社会通念として強く影響していたが、その一方で、共働き家庭は増加していた。

先に示した、専業主婦家庭と共働き家庭のグラフを見ればわかるように、1980年前後も、確かに専業主婦家庭の割合は高い。しかし、1955年に8割近くを占めていた専業主婦家庭は、年を追うごとに減少している。相対的に、共働き家庭は増加している。また、約1割前後で推移しているのが、自営業者である。自営業者は、多くが夫婦共働きになることを考慮すると、専業主婦と働く主婦がほぼ半々になるのが、1990年前後である。それ以降は、働く主婦の方が上回り、現在に至るまでその差は開いてきている。

1980年前後は、まだ専業主婦家庭が多数ではあるが、確実にワーキングマザーが増加している時期であった。その波が具体的な政策に現れたのが、1985年の男女雇用機会均等法である。1980年は、その前夜である。

そのような時代のうねりの中で、社会通念としての3歳児神話が強く働き、保育所は、パートタイム勤務の家庭の2歳以上の子どもの保育ニーズに対応するという状態であった。それでは、フルタイム勤務や専門職勤務の母親の仕事の継続は困難である。やむなく、ベビーホテルやその他の認可外保育施設を利用せざるをえなかったのである。育児休業が法律化されたのは1991年であり、まだ未来の話である。

二重保育

当時の言葉に、「二重保育」がある。これは、認可保育所の保育時間が短いために、夕方、たとえば午後5時以降の時間を認可外保育施設に預けるというやり方である。このことは、保護者に負担になるが、当然、子どもにとっても負担が大きい。つまり、低年齢の子どもたちは認可保育所への入所が難しいが、2歳以上になっても対応は十分とは言えず、認可保育所の終了時刻より後は認可外施設に預けてやりくりする家庭が多かったということである。

二重保育の場合、保護者は認可外施設に子どもの迎えに行くことになり、認可保育所の保育者と顔を合わせる機会は、朝の登園時に限定されるという状況も生じた。

ベビーホテル問題が起きたのには、このような時代背景があった。当時はマスメディアに大きく取り上げられたが、しかし、保育対策が十分取られたとは言えない。それほど多くの子どもの犠牲がありながら、時間が経つにつれてベビーホテル問題は表面から後退していった。

現在からみると、ベビーホテルに預けている子どものかなりの割合が、待機児童のカテゴリーであることがわかる。当時は待機児童という用語は使われていなかった。保育所に入所できない子どもたちであるから、待機児童とは意味合いが違うかもしれない。保育所の入所自体が可能でなかったから、入所を待機するとは言えないが、可能であったらおそらく入所の申請がされたはずである。そのように捉えれば、待機児童のカテゴリーに入れてもおかしくはない。

第3章　少子化対策と保育所

DINKs（ディンクス）

１９８０年にベビーホテル問題が起きたにもかかわらず、認可保育所の整備はなかなか進まなかった。最初のうちは保育所問題として議論もされたが、「喉元過ぎれば熱さ忘れる」とばかりに、社会の関心が薄れていき、当の子どもたちの状態は改善されていないのに、保育所に大きな変化は起きなかった。その一方で、ワーキングマザーは増え続けていた。

その頃の流行語に〝DINKs〟（ディンクス）がある。DINKsとは、〝Double Income No Kids〟の略語で、二重の収入（夫婦共働き）があり子どものいない家庭を指している。当初は、収入が倍で養育費をかけない、リッチな生活をしている家庭というニュアンスが強かった。

しかし、そのような家庭もあっただろうが、実際には子育てしようにも、夫婦共働きだと

図表３－１　出生数および合計特殊出生率の年次推移

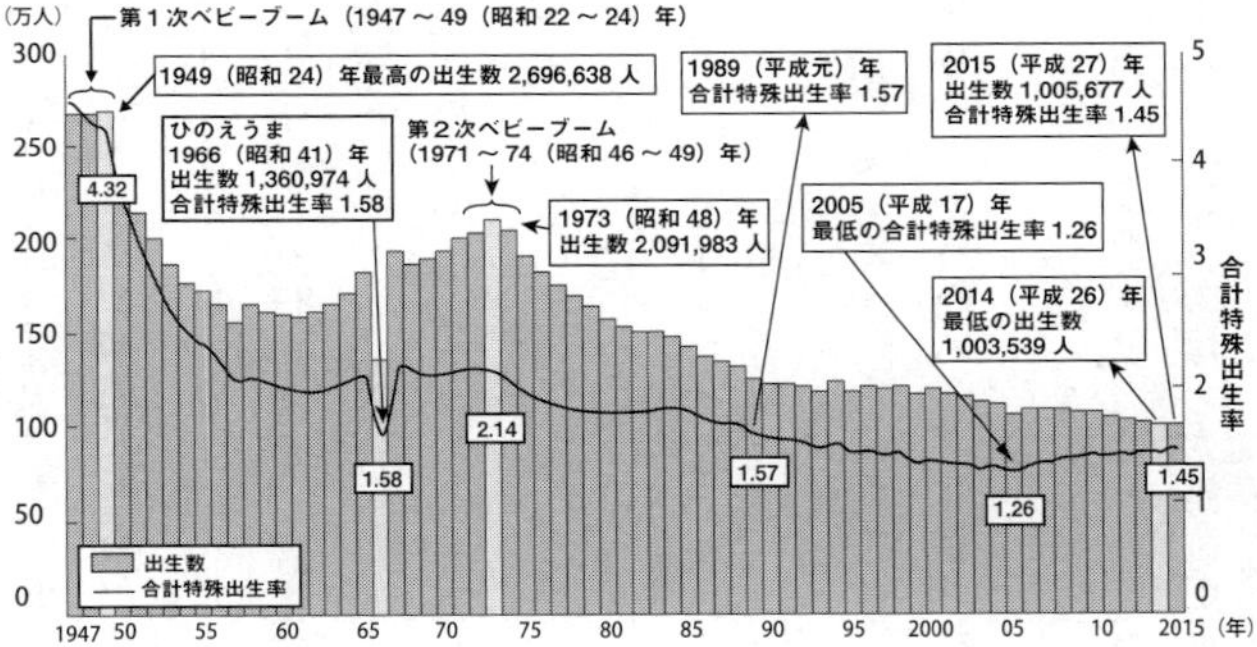

出所：内閣府ホームページ。

子どもの保育を頼めないから、やむをえず子どものいない状態になっているという家庭が多かった。つまり本来は子どもを願っていたが、保育の状況がかんばしくないので、子どものいない家庭になっているのである。DINKsと呼ばれることで、肩身の狭い思いをしている家庭も多かった。

1・57ショック

やがて1990年頃には、共働き家庭と専業主婦家庭とがほぼ同じ割合になり、働く母親の存在が、社会の中で一般的なものとして認識されるようになってきた。同時に、1・57ショックが起きた。

1・57ショックとは、1989年の合計特殊出生率が1・57であることが、1990年に判明し、それに伴い生じた衝撃である。

上のグラフを見れば明らかなように、第二次ベビーブーム以降、合計特殊出生率は下がり続けている。それまでの時点ではなく、なぜ1・57という数字でショックが起きたのか。それは、丙午（ひのえうま）である1966年の合計特殊出生率である1・58を下回ったからである。

丙午には迷信がある。辞書的な説明では、「この年に生まれた女性は気が強く、夫を食い殺す」（『デジタル大辞泉』小学館、2012年）というものである。これは迷信であり、現代では関係なさそうなものだが、そうではなかった。丙午の1966年には、迷信の影響で一気に出生率が減少した。つまり、子どもを産み控える、子どもを産まないという選択肢が一般化したということの象徴の数字が、合計特殊出生率1・58だったのである。それを下回り1・57になったので、日本社会が子どもを望まない社会になった、少子化社会になったというので、大きな衝撃が走ったのである。

余談であるが、次の丙午は、2026年である。もうまもなくであり、その年の出生数や出生率がどうなるか、注目される。

現在から振り返ると、少子化傾向に関しては、社会問題化するのが少し遅いという印象がある。というのは、人口置換水準の合計特殊出生率は2・07と言われている。人口置換水準とは、人口の増減がなく維持される状態を指すので、これを下回ると人口は減り始めることになる。

日本の合計特殊出生率が人口置換水準を下回ったのは、1974年の2・05である。それ以前にも、丙午のように下回る年はあったが、しかしすぐに回復していた。しかし、1974年の2・05以降は、現在に至るまで2・0を越えることなく下がり続けている。つまり少子化傾向は、1974年から始まっていたことになる。それから1990年の1・57ショックまで、十数年間、この問題は認識されてこなかった。識者の中にはこの問題に気づき指摘していたものもいたが、社会問題化はしなかった。

エンゼルプラン

1・57ショックを受けて、少子化対策として国家的グランドデザインである「エンゼルプラン」が策定されたのが、1994年12月である。このことが、保育状況を大きく変えるターニングポイントになった。

1980年代の初めに起きたベビーホテル問題は、徐々に忘れられていったが、問題が解決したわけではない。むしろ、潜在化し、より深刻化していったと言った方がよい。

その中で、1・57ショックが起き、少子化対策の緊急性が叫ばれたわけであるから、エンゼルプランには、少子化の背景や要因の分析と、少子化対策の方針が示されている。

その1つが、共働き家庭への子育て支援である。具体的にエンゼルプランの内容を見てみよう。

少子化の背景となる要因

（女性の職場進出と子育てと仕事の両立の難しさ）

わが国においては、女性の高学歴化、自己実現意欲の高まり等から女性の職場進出が進み、各年齢層において労働力率が上昇しており、将来においても引き続き伸びる見通しである。一方で、子育て支援体制が十分でないこと等から子育てと仕事の両立の難しさが存在していると考えられる。

（「今後の子育て支援のための施策の基本的方向について」（エンゼルプラン）平成6年12月6日　文部、厚生、労働、建設の4大臣合意）

ここにあるように、少子化の背景となる要因として、子育てと仕事の両立の困難さが挙げられている。言い換えれば、育児と仕事の両立支援が少子化対策の柱の1つに掲げられた。それを実働させるためのプランが、「当面の緊急保育対策等を推進するための基本的考え方」（「緊急保育対策等5カ年事業」）と呼ばれるものである。そこには次のようにある。

低年齢児（0～2歳児）保育、延長保育、一時的保育の拡充等ニーズの高い保育サービスの整備を図るとともに、保育所制度の改善・見直しを含めた保育システムの多様化・弾力化を進める。

（「当面の緊急保育対策等を推進するための基本的考え方」平成6年12月18日　大蔵・厚生・自治3大臣合意）

ここで示されたもので大きなポイントになるのが2つある。1つは、低年齢児（0～2歳児）保育の推進である。これは、0歳児からの保育をすすめていくということである。これまで述べてきたように、0歳児を含む低年齢児の受け入れに保育所は積極的ではなかったが、その方針を転換したのである。

もう1つが、保育時間の延長である。午後5時以前に閉まる保育所の多い状態を是正し、午後6時頃までは保育するような仕組みに変わっていった。

子育ての不安と負担感

そして、エンゼルプランにおいて、少子化の背景となるもう1つの要因として示されたのが、育児の負担感である。これもエンゼルプランから引用しよう。

少子化の背景となる要因

（育児の心理的、肉体的負担）

わが国の夫婦の子育てについての意識をみると、理想とする子ども数を持とうとしない理由としては、育児の心理的、肉体的負担に耐えられないという理由がかなり存在している。また、晩婚化の要因としても、女性の経済力の向上や独身生活の方が自由ということのほかに、家事、育児への負担感や拘束感が大きいということがあげられている。

（「今後の子育て支援のための施策の基本的方向について」（エンゼルプラン）平成6年12月6日　文部、厚生、労働、建設の4大臣合意）

この指摘は、当時としては画期的であった。仕事と育児の両立の困難さというのは、わかりやすい。ここで言うわかりやすいというのは、簡単だということではなく、社会問題として捉えやすいということである。子育ての当事者でなくても、たとえば中学や高校で勉強と部活の両立をするというのは、それなりに大変だということなどになぞらえれば、仕事と育児の両立の支援の必要性はわかりやすい。

しかし、子育てそのものの負担感というのは、当時は見えにくかった。ここにも3歳児神話が影を落としている。3歳児神話は、専業主婦家庭において、3歳までは母親が常時、子育てに専念することを良しとするものであるが、言い換えればそれは子育ての理想の姿ということである。つまり、専業主婦家庭の子育ては1つの理想であり、子育てにまつわる問題は些細なこととみなされる。専業主婦が子育てに大きな不安や負担を感じているはずがないという思い込みがあった。

しかし現実には、専業主婦家庭の育児の不安や負担感は、意外にも大きいことが明らかになったのである。当時の一般的認識としては、働く母親の負担の大きさは理解できても、専業主婦の育児不安や負担感の大きさは理解されていなかった。しかし実際には、働く母親より専業主婦の方が育児への不安を強く感じていた。その傾向は、現在でも変わっていない。

そのことが、エンゼルプランにおける少子化の背景の理由として挙げられている。緊急保育対策等5カ年事業においてもこれに対応する柱が示されている。

核家族化の進行に伴い、育児の孤立感や不安感を招くことにならないよう地域子育てネットワークづくりを推進する。
（「当面の緊急保育対策等を推進するための基本的考え方」平成6年12月18日　大蔵・厚生・自治3大臣合意）

ここに示されている地域子育てネットワークづくりの推進というのが、保育所を中心とした子育て支援事業の展開である。専業主婦家庭に対する子育て支援である。これが取り上げられたのは、育児不安や負担が、共働き家庭よりも専業主婦家庭の方が高いということが明らかになったからである。

このことは、3歳児神話という社会通念に反する結果であったが、当時の日本の社会情勢を考えれば理解できることである。先に述べたように、過疎・過密化現象によって、都市部にはニュータウンが次々に造成された。そこでは、地縁血縁の薄い若者家庭が、孤立して密集している。子育ては、地域で行われるのではなく、家庭の中でいわば密室状態で行われる行為になっている。

「都会の孤独」と呼ばれる寂寥感は、一人暮らしだけが持つものではない。外見には何不自由のない家族に見えながら、母子密室化状態とでも呼べるような状況は、母親を孤立させ孤独感にさいなます。その結果、当時「公園デビュー」という流行語があったように、住宅街近くの公園に母子が集う現象が、全国的に見られた。そこに居場所を見出せる母子もあったが、しかし公園の状況は非常に神経を使うものであり、必ずしも母親の安らぎの場になるとは限らなかった。「公園ジプシー」も流行語になったように、いくつかの公園グループをさまよう母子の姿もあった。それは新たな場を求めてということもあったが、それ以上に、もともとある母子グループの輪に入ることができずにさまよう状態を示す用語であった。

そのような状況が、母親に育児の不安や負担を募らせ、第二子、第三子をためらわせ、少子化傾向につながる。それゆえ、保育所を中心に、育児相談や育児サークルの場を展開しようとしたのが、地域の子育て支援である。

それまで保育所は、基本的に保育ニーズに対応する施設であった。つまり、入所した子どものの保育を行うのが保育所であり、入所児ではない専業主婦家庭はその対象ではなかった。

図表３－２　保育所の定員・在所児数・在所率の年次推移

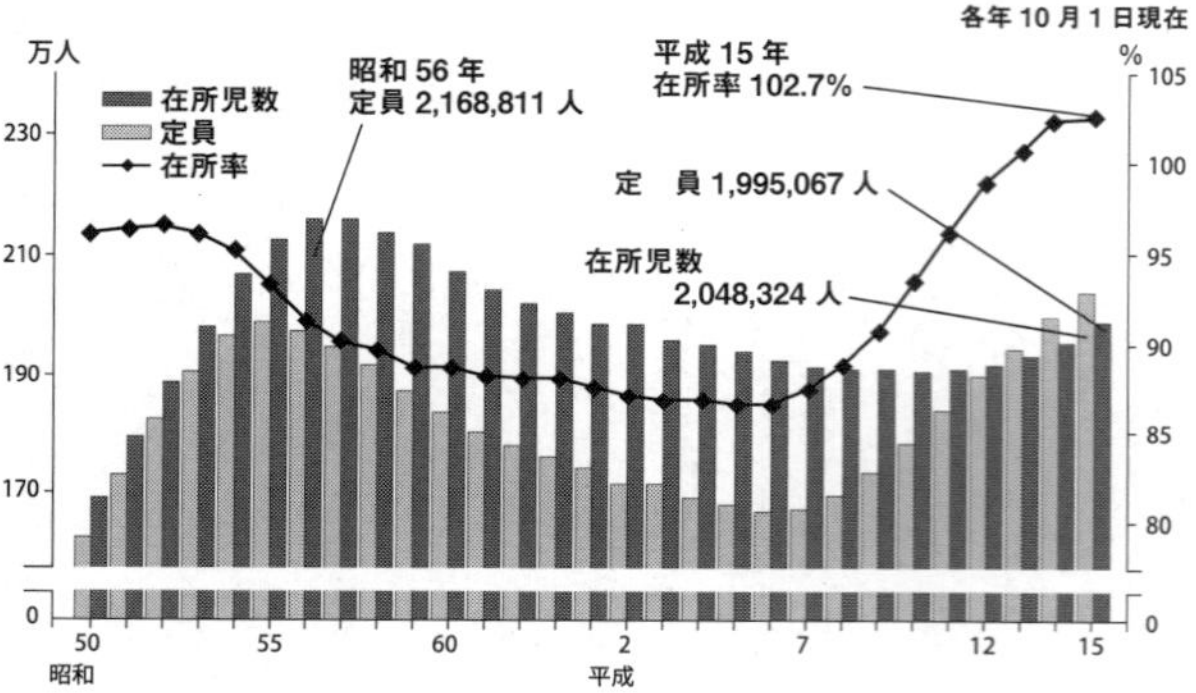

出所：厚生労働省ホームページ。

しかし、子育てに専念することで生じる育児不安の高まりが保育ニーズであると新たに認識され、在籍している子ども以外の地域の子育て支援が、保育所の役割として明確化されたのである。

保育所の変貌

非常に簡略化して言えば、共働き家庭は両立の困難さから子どもを育てる余裕がない、専業主婦家庭は不安感などで、第一子はいても二人目以降がいないということになる。これが少子化の背景要因であると分析して、エンゼルプランは策定され、その実働プランとして緊急保育対策等5カ年事業が展開されたのである。

この2つの要因に共通するのは、「母親は家庭で子育てに専念すべき」という3歳児神話である。これに風穴を開けることになり、その前線に配置されたのが保育所である。その効果は目覚ましいものであった。

先のグラフの保育所の在所児数の棒グラフに着目していただきたい。1980年にピークがあるが、それは第二次ベビーブームの子どもたちの幼児期と重なっている。それ以降、出生数の減少とともに、保育所の在所児数も減少している。それが、1994年を底にそれ以降、増加している。出生数は減少し続けているのに、保育所の在所児数が増加するという不思議な現象が起きている。

その転換点が1995年である。1994年12月にエンゼルプランが策定され、1995年より緊急保育対策等5カ年事業の実働が始まると同時に、保育所に入所する子どもが増え始めたのである。そして増加傾向は、出生数の減少とは無関係に続き、2001年には、在所率が100%を越えている。これは全国平均の数字であるから、過疎地など定員割れしている保育所も多いことを考慮すると、定員オーバーで入所できなくなっている保育所が都市部を中心に多くなっていることが窺える。

覚えておられるだろうか。その2001年こそ、小泉内閣により「待機児童ゼロ作戦」が閣議決定された年である。これがいわゆる、待機児童問題を顕在化させた直接の状況である。そして、エンゼルプランが実働し、その効果が顕著に表れ始めた1998年に、厚生白書は、3歳児神話に合理的根拠は認められないと記したのである。

保育所制度の転換点

1998年は、保育所を巡る具体的な転換点がいくつか重なっている。これまで述べたことを振り返れば、厚生白書における3歳児神話への言及、そして乳児保育指定保育所を廃止し乳児保育を一般化したことである。

それ以外にもまだある。児童福祉法の改正に伴い、保育所の入所が、措置から保育の実施に変更された。このことによって、保育所の入所は、子どもの保護者による選択に基づくものとなった。それまでの「措置」というのは、入所の決定権が役所にあったので、順番待ちという概念が生じない。だから、待機児童ではなく、保留児と呼ばれることが多かった。

それが、子どもの保護者による選択に変更されたので、「待機児童」という呼び方が一般的になった。さきほど述べたように、出生数は減っていても、エンゼルプランによって入所児の数は増加したので、待機児童の数も増えていく。

この時期に増加した待機児童の対象は、0～2歳児が中心である。3歳以上も増加したとは思われるが、それ以上に0～2歳児の増加が多かった。

というのは、3歳以上については、大多数が幼稚園、保育所のどちらかに在籍している。しかし、3歳未満については、幼稚園はないので、保育所のみである。その保育所の対応が不十分だったのがエンゼルプラン以前の状況であったことを考えると、エンゼルプラン以降、保育所の入所の増加は、0~2歳児が多かったことが推察される。

その時期には、共働き家庭の増加も一般的に認識されるようになり、子育てと仕事の両立は、社会全体の課題として捉えられるようになってきた。

新エンゼルプラン

そして、エンゼルプランから5年後の1999年に、新エンゼルプランが策定された。これは、基本的には、エンゼルプランの路線を受け継いでいるが、エンゼルプランの実働プランであった緊急保育対策等5カ年事業が、ほぼ保育所に特化していたのに対し、新エンゼルプランは、保育所はもちろんであるが、それ以外の社会資源の活用を目指したものになっている。代表的なものが、幼稚園である。幼稚園が地域の幼児教育のセンターであると位置づけられたのは、5年前のエンゼルプランで保育所が地域の子育て支援センターとして位置づけられたのとパラレルである。つまり、幼稚園も、3歳以上の1日4時間の保育に限定されずに、それ以外にも活用される社会資源となったのである。

その具体例が、「預かり保育」である。幼稚園の通常の形態であれば、午後2時頃に全園児降園であったのを、希望があればそれ以降も預かるということを、1997年から実施し始め、2002年からは国が都道府県に助成額の2分の1を補助する仕組みを取るようになった。それまで、各幼稚園で任意に行う例はあったが、幼稚園の機能として、預かり保育を正式に位置づけたのである。

それ以降、幼稚園に午後5時、6時頃まで園児がいる風景が当たり前になってきた。こうして、3歳以上は、保育所あるいは幼稚園の預かり保育と、1日の中で一定の長さの時間、受け入れられるような保育条件が整えられてきた。

しかし、0～2歳児については、幼稚園が対象としていないため、保育所のみでは受け皿が足りない状況が続いた。

待機児童解消の3つの対策

それを受けて、2001年に「待機児童ゼロ作戦」が策定されたのである。それまでは厚生労働省という一省庁が管轄していたものを、閣議決定に基づき、行政府の重点項目として推進することになった。2004年までに待機児童をゼロにすることを目標に、保育の器を拡大することになった。そのとき取られた方策の基本は3つである。

1つは、保育所の新設。2つめは、保育所の定員の拡大。3つめが、保育所定員の弾力化である。

保育所の新設はわかりやすい方策である。

2つめの定員の拡大とは、たとえば定員100名であれば、施設を拡充し、定員120名にするというようなものである。

それに対して3つめの定員の弾力化とは、施設はそのままでも、最低基準を遵守していれば、定員以上の受け入れを認めるということである。当時の基準をいえば、年度当初で115%、年度半ばの9月末までは125%、10月以降は最低基準ぎりぎりまで受け入れ可能、となっていた。したがって、100名定員の保育所であっても、最低基準上は135名まで可能であれば、4月当初は115名、9月末までは125名、10月以降は135名の園児を受け入れることができる。

日本の保育所の認可基準は、まさに最低の基準であり、非常に窮屈なレベルである。したがって、多くの保育所は、最低基準ぎりぎりという園舎の設計ではなく、少し余裕を持たせた造りになっていることが多い。そこに、ぎりぎりまで受け入れたのであるから、保育所自体の余裕は、ほとんどなくなっていった。このことは、保育の質を低下させる要因になる。

そのような手立てをしても、2004年までの待機児童ゼロという目標は達成できなかった。保育所機能をフル回転し、幼稚園の機能も拡大し、乳幼児の保育の受け皿を広げていくことは、当時としては限界に近づいていた。

特に保育所は、無制限に新設することは困難である。その大きな理由の1つが、当時すでに深刻化していた財政事情である。国、地方公共団体ともに、財政破綻という言葉が現実味を帯びてきているような状態であり、保育所に限らず、新たなハードを設置する余裕のある地方は少なくなっていた。たとえば、鹿児島県は、2004年に「財政非常事態宣言」を行い、それに伴う緊縮財政を実施した。他の地方も同様の状況の自治体が多く、さらには夕張市のように2007年に事実上破綻した自治体もある。

また、保育所の新設については、財政上の問題だけでなく、新設可能なスペースの問題も生じてきた。というのは、保育所の新設は財政状況をにらみながら各自治体ですすめられてきたが、進行するにつれて適当な場所がなくなってくる。待機児童問題の起きている地域は、基本的に人口密集地であり、余裕スペースがふんだんにあるわけではない。そこに新設するのは厳しい。財政的に新設できる場合でも、場所が見つけられないという事態になってきている。

働き方改革

そこで、新エンゼルプランから5年後の2004年、「子ども・子育て応援プラン」が策定され、子育て支援の舵が大きく切られた。保育所や幼稚園のような社会資源の活用に特化していた従来のプランと違い、働き方を改革しようとしたのである。

その代表例が、育児休業の取得率向上であった。子ども・子育て応援プランでは、育休の取得率を、今後10年間で男性10%、女性80%にするという目標を掲げた。

子ども・子育て応援プランの次に、2010年には「子ども・子育てビジョン」が策定され、「ワーク・ライフ・バランス」という用語も使い、働き方の改革を目指している。

しかし、このような働き方改革は、現在に至るまであまり功を奏していない。たとえば、長時間労働などの問題は現在でも解消されていない。また、育児休業は数字上は向上しているが、実態としては浸透しているとは言い難い。というのは、女性の場合、育児休業の取得が困難な場合、退職ということが多く、これは育休取得率の母数に反映されない。つまり、育休取得率は、働いていた女性全体を母数としているのではなく、仕事を継続している女性に限定している。そのため、数字が高くなったからといって、実際に働いていた女性がそれだけ育休を取っているとは言い難い。

子ども・子育て応援プランの育休の目標値である男性1割、女性8割という数値が、実際に働いている人たちの1年間の取得として成立しているならば、保育所に0歳児を預ける必要性はほとんどなくなることになる。実は、このような施策が実現しているのが、スウェーデンである。スウェーデンでは育休の取得率が高いので、0歳児の保育の必要性が低い。このようになれば、待機児童問題もある程度解消されることになる。

しかし、日本の実態は、育休の取得はかなり中途半端であり、反面、女性の就労率は高まっているので、0歳児からの保育の必要性は以前よりも強くなっている。

また、育休取得率については、たとえ1日でも育休を取れば取得率に反映される。2015年度の男性の育休取得率は2・65％であるが、その6割が5日未満である。育休を取ったというと、なんとなく1年間というイメージがあるが、実際には男性の過半数は数日程度である。有休ではないから育休としてカウントされているが、これでは家庭での育児の継続は困難である。つまり、男性の育児への関与は低いということである。

働き方改革は、声高に叫ばれているが、遅々として進んでいないというのが実態であり、待機児童解消につながるのは難しい。

待機児童数の実態

待機児童数についても、数字にとらわれると実態が見えなくなる。

国の公表している待機児童数は、定義が曖昧であり、また地方自治体の解釈で異なる部分もあるので、正確とは言い難い。それでも、2万6、081人（2017年4月1日）という大きな数字がでている。これだけでも大変だというのはわかるが、実態はもっと大きい。

というのは、認可保育所に入所できなくても、認可外の保育施設に入所していればカウントしないというケースや、求職活動を休止している場合はカウントしないというケースがあったりする。何より、認可保育所の入所を申請しないとカウントされないので、最初から諦めている場合はカウントされないことになる。

また、4月1日は待機児童数が最も少ない時期であり、これは年間を通して増えていく。つまり、いつの時点で把握するかということも影響する。

次の表は、地方都市である鹿児島市の2008年度と2013年度の待機児童数の年度推

図表3－3　年間の待機児童数等の推移

(鹿児島市2008年度)

	4月	5月	6月	7月	8月	9月	10月	11月	12月	1月	2月	3月
待機児童数	196	275	351	438	545	639	690	735	817	839	907	920

(鹿児島市2013年度)

	4月	5月	6月	7月	8月	9月	10月	11月	12月	1月	2月	3月
待機児童数	57	169	264	370	474	565	697	887	1,006	1,099	1,169	1,184

出所：鹿児島市の資料をもとに筆者作成。

移である。いずれも、月を追うごとに待機児童数は増加している。これはどの年度においても同様であるが、２０１３年度については、４月に57人であったのが、９月には約10倍の５６５人、年度末の３月には約20倍の１、１８４人になっている。これは、年度当初の待機児童数が少なかったために、むしろ潜在需要が刺激され、例年以上に増えたのではないかと思われる。

このように増加の仕方は年度ごとに、あるいは地方ごとに違いがあるが、しかし、年間を通して増え続けるというのは共通している。つまり、発表される以上の数字が、年度末にかけては実態としてあるということである。現在、待機児童解消と言われているが、それは４月１日時点での解消を意味しており、年間を通しての解消となると、それはまた別問題である。

認可外保育施設の状況

待機児童の多くは、認可保育所に入所できないから、認可外の保育施設に入所したり、無理を言って祖父母に頼んだりしている。つまり認可保育所に入所できるならそちらを選択する家庭が多いだろう。

認可外保育施設は、総じて認可保育所より条件が厳しいところが多い。そのような中でよりよい保育を目指すところもあるが、しかしそれが困難な現状もある。

では、認可外施設に在籍している子どもたちは、どのくらいになるのだろうか。次のデータは、2014年の認可外保育施設のデータである。

平成26年度　認可外保育施設の現況取りまとめ

○　認可外保育施設の総数　8、038か所

前年度比　99か所の増

(内訳)ベビーホテル　1、749か所

同　18か所の減

その他の認可外保育施設　6、289か所
同　117か所の増

○　入所児童の総数　201、530人
同　1、667人の減
（内訳）ベビーホテル　32、530人
同　461人の減
その他の認可外保育施設　169、007人
同　1、206人の減

（厚生労働省ホームページ）

先ほど、1981年のベビーホテルの実態調査を記したが、それと比較すると施設数、在籍数ともに増加していることがわかる。30年ちょっとの間に、ベビーホテルの数は587か所から1、749か所と約3倍、入所児数は1万2、000人から3万2、000人とこれも3倍近く増えている。さらに、ベビーホテルを含むすべての認可外施設は、

8、038か所、入所児は20万1、000人である。
1980年にベビーホテル問題として社会的に取り上げられ、1994年のエンゼルプランによって保育所の整備が進んだことで、なんとなく認可外施設は減っているような気がするが、実態はまったく逆である。その間、保育所の受け皿は拡大しているのに、認可外施設も増加しているのである。

認可保育所での受け入れが困難なために、認可外保育施設に入所している子どもは多い。中には、保育の充実している認可外施設もあり、それに賛同して預けている保護者もいると思われる。しかし、それは多数ではない。多くの保護者は、認可保育所への入所がままならないために認可外施設に預けざるをえなくなっている。そして、3歳以上になったら、空きがあれば保育所に、空きがなければ、預かり保育などを実施している幼稚園を選択している。もし認可外施設が、やむをえないものではなく保護者の積極的な選択ならば、幼稚園の園児数はもっと減っているだろう。そう考えると、認可外施設の子どもの多くは、実質的に待機児童の可能性が高い。

保育所新設の限界

先に、子ども・子育て応援プラン以降、働き方改革を進めることによって、待機児童の解消を図る施策に変更したと言った。しかし、現実の社会は、そのような方向に進んでいない。現状で考えても、新卒の就職状況は売り手市場となり、慢性的な人手不足になっている。そして、所得格差は拡大しており、共働き家庭の割合が今後さらに増加することが予想される。保育を必要とする子どもも、さらに増加することになる。

保育所の整備はなかなか進まない。その理由は、財源不足もあるが、保育所に適した場所の不足もあると指摘した。つまり、作りたくても作れないのである。

保育所の新設は、住宅密集地となる。過疎地にはいくらでも土地は余っているが、そこに作っても、子どもを通わせることはできない。しかし、待機児童の発生している地域では、保育所に適した空間は、すでに使用しきっている状態である。これ以上作ろうにも、空間に余裕がなくなっている。それゆえ、保育所建設の反対運動が起きる。これは、保育所への無理解の部分もあるかもしれないが、同時に不適切な場所に無理に作ろうとしている現状の反映でもある。

東京のように、公園を活用して保育所を作る発想もある。しかし、公園というパブリック

図表3－4　専業主婦世帯と共働き世帯

西暦（年）	専業主婦世帯	共働き世帯	共働き世帯の割合（%）
	万世帯	万世帯	
1985	952	722	43.1%
1990	897	823	47.8%
1995	955	908	48.7%
2000	916	942	50.7%
2005	863	988	53.4%
2010	797	1,012	55.9%

出所：独立行政法人労働政策研究・研修機構のデータをもとに筆者作成。

な空間が、そのために減少することも、片方では考慮する必要もある。

働き方改革は進まない、保育所の新設も飽和状態に近づいているのが現状である。

負の遺産

そのような状況を招いたのは、戦後の社会の変化の中で、早めに保育所の整備を行わなかったからである。どれほどの保育所が実際には必要とされるだろうか。ここでは大づかみに考えていきたい。保育を必要とする家庭の中心は、共働き家庭である。

たとえば、1955年の共働き家庭の割合は、約20％である。1950年から1955年までに生まれた子どもが乳幼児であるから、その数は約1、180万人である。その20％であるから、約236万人になる。

図表３－５　保育を必要とする子どもの保育所在所率の推計値

西暦（年）	乳幼児数	共働き家庭の割合（%）	共働き家庭の乳幼児数（推定）A	保育所の在所児数 B	B／A（%）
1985	9,051,790	43.1%	3,901,321	1,843,550	47.3%
1990	7,943,590	47.8%	3,797,036	1,723,775	45.4%
1995	7,267,500	48.7%	3,539,273	1,678,866	47.4%
2000	7,156,660	50.7%	3,628,427	1,904,067	52.5%
2005	6,812,150	53.4%	3,637,688	2,118,079	58.2%
2010	6,477,500	55.9%	3,620,923	2,056,845	56.8%

出所：筆者作成。

１９５５年の保育所の在所児数は、約65万人である。このように見ると、約28％しか保育所に入所していない。

共働き家庭のデータは、調査の仕方によって違いがあるが、ここでは「労働政策研究・研修機構」のデータを使用する。それで計算したのが、次の表である。

詳細な数字の把握できる１９８５年以降、５年ごとに示してある。この推計値にはいくつかの問題がある。乳幼児数は正確に近い。しかし、共働き家庭の割合は、乳幼児の子どもだけに限っているわけではない。子どものいない家庭や小学生以上のいる家庭も含まれている。また、共働き家庭と専業主婦家庭とで子ども数を同じとみての計算である。それに、保育を必要とするのは、共働き家庭だけではない。自営業家庭や単親家庭など、さまざまな家庭が実際にはある。ただそれらの詳細な把握はされていないので、このような計算をした。

きわめて大雑把な試算であるが、これでみると、保育所に入所しているのは、現在でも6割に届いていない。さかのぼると、昭和の頃は5割以下である。つまり、一貫して十分な数の受け入れがなされていたわけではないことがわかる。推計値に基づくと、あと4割分に相当する受け入れ容量が必要であるが、それだけの整備がなされてこなかったからである。この不足分は、さかのぼるほど大きい。つまり、過去の整備の不足が、負の遺産となって現在に及んでいるのである。

措置から選択へ

先ほど、1998年に保育所の入所が、措置制度から選択制度になったと述べた。その意味はどういうことだろうか。措置という用語が聞き慣れないと思う。

「措置制度」とは、次のように説明されている。

社会福祉サービスの対象者に対して、「措置」とよばれる行政機関の行政行為に基づいてサービスを提供する仕組のこと。日本の福祉制度は、第二次世界大戦後、この措置制度のもとで充実が図られてきた。ちなみに、措置を行う権限をもつ行政機関（行政庁）を措置権者（措置機関）という。

（『現代社会福祉辞典』有斐閣、2003年）

措置という概念はわかりにくいが、誤解を恐れずに言えば、社会福祉の対象者にサービスが必要であるかどうかを行政が判断し、その必要なサービスを行政が提供する、ということである。保育所で言えば、保育が必要であるかどうかを役所が判断し、保育所への入所を決定するということになる。

一般的な理解とは、少し違うところがある。一般的には、保育所に子どもを入所させるのは、保護者の希望によって役所で手続きをして決定すると思われていることが多い。それは、1998年に変更になった「保育の実施」では妥当である。でもそれ以前の「保育所への入所の措置」については、必ずしも当てはまらない。

大きな違いは、保育所を選択し入所を決定するのが、役所か保護者かの違いである。1997年以前は、保育所の必要性を行政主導で判断していたので、どのくらいの保育ニーズがあるかということを、潜在的なものまで含めて考慮するということにならなかった。つまり行政としては、保育所に入所できない待機児童が発生していても、それを深刻に受けとめることがなかったと言える。

当事者の保護者にとっては、釈然としないことである。そのような声が１９９０年代は強くなってきた。推測値ではあるが、保育を必要とする子どもの半分程度しか入所できていないわけであるから、当事者の声は少しずつ高まってきた。社会の背景としても、専業主婦家庭が減少し、共働き家庭が増加している。少子化ショックにより、エンゼルプランに基づく子育て支援が、保育所を中心に積極的に推進されている。その流れの中で、１９９８年に、保育所の入所が、行政主体の措置制度から利用者主体の選択制度に変更された。変更されたからといって、すぐに動きが変わるわけではないが、待機児童問題が見えやすくなり、それが２００１年の待機児童ゼロ作戦につながっていく。

このように見てくると、本来、保育の必要な量を見定めながら、保育所等の整備を進める必要があるのに、表面的な対応に終始して、待機児童問題は連綿と先送りされてきたことがわかる。

なされなかった整備

ここまでの流れで言うと、乳幼児の半分以上が保育を必要とする状況にある。その中で、

3歳以上は、幼稚園の預かり保育等もあり、かなりの部分がカバーされている。したがって、待機児童の中心年齢は、0~2歳児である。この部分は、絶対的な受け入れ容量が不足したまま、現在に至っている。

このような認識が、1960年代、70年代の高度経済成長期にあれば、保育所の状況は変わっていたかもしれない。

高度経済成長期は、社会のインフラの整備が進んだ時代である。鉄道、道路などの交通網、住宅整備などの宅地造成など、社会の基盤整備が進められていた。この時期は、子どもも多かったので、小学校などの学校施設が整備された。その頃、同様に保育所の整備が進められていれば、ということである。

高度経済成長期であるから、財政的な支出が可能だったろう。また、街の整備に伴い、保育所を建設する場所も十分選べただろう。

その時期にそのような対応がなされていれば、ここまで待機児童問題は深刻化しなかったと思われる。

図表３－６　少子化社会対策大綱（概要）①
～結婚，妊娠，子供・子育てに温かい社会の実現をめざして～

○**少子化社会対策基本法**に基づく**総合的かつ長期的な少子化に対処するための政策の指針**
○年度内の策定が「骨太2014」において決定されており，**平成16年，22年に続き，今回は3回目**

<少子化社会対策基本法>（平成15年法律第133号）
（施策の大綱）
第7条　政府は，少子化に対処するための施策の指針として，総合的かつ長期的な少子化に対処するための施策の大綱を定めなければならない。

Ⅰ はじめに
○少子化は，**個人・地域・企業・国家に至るまで多大な影響**。社会経済の根幹を揺るがす危機的状況
○少子化危機は，解決不可能な課題ではなく，**克服できる課題**
○**直ちに集中して取り組む**とともに，**粘り強く**少子化対策を推進
○**結婚，妊娠，子供・子育てに温かい社会**の実現に向けて，**社会全体で行動を起こす**べき

Ⅱ 基本的な考え方 ～少子化対策は新たな局面に～
（1）結婚や子育てしやすい環境となるよう，**社会全体を見直し，これまで以上に対策を充実**
（2）**個々人が結婚や子供についての希望を実現できる社会をつくる**ことを基本的な目標
※個々人の決定に特定の価値観を押し付けたり，プレッシャーを与えたりすることがあってはならないことに留意
（3）「結婚，妊娠・出産，子育ての**各段階に応じた切れ目のない取組**」と「地域・企業など**社会全体の取組**」を両輪として，きめ細かく対応
（4）今後5年間を「**集中取組期間**」と位置づけ，Ⅲで掲げる**重点課題**を設定し，政策を**効果的かつ集中的に投入**
（5）**長期展望**に立って，**子供への資源配分を大胆に拡充**し，継続的かつ総合的な対策を推進

出所：内閣府ホームページ。

子ども・子育て支援新制度

現実には後手後手に回っている待機児童問題に対して、保育所の建設拡充をすすめることは、新エンゼルプランの終わり頃には困難になっている。それゆえ、子ども・子育て応援プラン、子ども・子育てビジョンと、働き方を変革し、保育施設ではなく家庭での育児をしやすくしようとする試みがなされた。しかし、これは社会の流れに抗する取り組みであり、実際には流れに抗えず、働き方改革は進行していない。その間にも、待機児童問題は進むという状態である。

そのような中で、２０１５年に少子化社会対策大綱が策定され、それに伴っていわゆる子ども・子育て支援新制度が施行された。それは、上のような概要として示されている。

この制度は広範にわたるものであるが、次ページの

図表3－7　少子化社会対策大綱（概要）②
～結婚，妊娠，子供・子育てに温かい社会の実現をめざして～

Ⅲ 重点課題

1．子育て支援施策を一層充実
○「子ども・子育て支援新制度」の円滑な実施
・財源を確保しつつ，「量的拡充」と「質の向上」
・都市部のみならず，地域の実情に応じた子育て支援に関する施設・事業の計画的な整備
⇒27年4月から施行。保育の受け皿確保等による「量的拡充」と保育士等の処遇改善等による「質の向上」
⇒地域のニーズに応じて，利用者支援事業，地域子育て支援拠点，一時預かり，多様な保育等を充実
⇒今後さらに「質の向上」に努力

○待機児童の解消
・「待機児童解消加速化プラン」「保育士確保プラン」
⇒認定こども園，保育所，幼稚園等を整備し，新たな受け入れを大胆に増加。処遇改善や人材育成を含めた保育士の確保
⇒29年度末までに待機児童の解消をめざす

○「小1の壁」の打破
・「放課後子ども総合プラン」
⇒小3までから小6までに対象が拡大された放課後児童クラブを31年度末までに約30万人分整備

2．若い年齢での結婚・出産の希望の実現
○経済的基盤の安定
・若者の雇用の安定
⇒若者雇用対策の推進のための法整備等
・高齢世代から若者世代への経済的支援促進
⇒教育に加え，結婚・子育て資金一括贈与非課税制度創設
・若年者や低所得者への経済的負担の軽減

○結婚に対する取組支援
・自治体や商工会議所による結婚支援
⇒適切な出会いの機会の創出・後押しなど，自治体や商工会議所等による取組を支援

3．多子世帯へ一層の配慮
○子育て・保育・教育・住居などの負担軽減
⇒幼稚園，保育所等の保育料無償化の対象拡大等の検討や保育所優先利用

○自治体，企業，公共交通機関などによる多子世帯への配慮・優遇措置の促進
⇒子ども連れにお得なサービスを提供する「子育て支援パスポート事業」での多子世帯への支援の充実の促進

4．男女の働き方改革
○男性の意識・行動改革
・長時間労働の是正
⇒長時間労働の抑制等のための法整備，「働き方改革」
・人事評価の見直しなど経営者等の意識改革
⇒部下の子育てを支援する上司等を評価する方策を検討
・男性が出産直後から育児できる休暇取得
⇒企業独自の休暇制度導入や育休取得促進

○「ワークライフバランス」・「女性の活躍」
・職場環境整備や多様な働き方の推進
⇒フレックスタイム制の弾力化，テレワークの推進
・女性の継続就労やキャリアアップ支援
⇒「女性活躍推進法案」

5．地域の実情に即した取組強化
○地域の「強み」を活かした取組
・地域少子化対策強化交付金等により取組支援
・先進事例を全国展開

○「地方創生」と連携した取組
・国と地方が緊密に連携した取組

出所：内閣府ホームページ。

重点課題の1として「子育て支援施策を一層充実」とあり、「子ども・子育て支援新制度の円滑な実施」、「待機児童の解消」が挙げられている。そこには、「認定こども園、保育所、幼稚園等を整備し、新たな受け入れを大胆に増加」と説明されているように、保育制度の改革を含んでいる。その中でポイントになるのが、幼保連携型認定こども園であり、地域型保育事業である。

幼保連携型認定こども園そのものは2006年にはすでに創設されていたが、それは幼稚園と保育所が合体したものであった。2015年の子ども・子育て支援新制度に基づく幼保連携型認定こども園

は、幼稚園機能と保育所機能とを併せ持つ融合型の保育施設である。そして、幼稚園を幼保連携型認定こども園に移行することにより、0～2歳児の保育を実施できるようにしようというものである。

保育所も幼保連携型認定こども園に移行できるが、その場合は0～2歳児の受け入れにはさほど関与しない。したがって、待機児童解消につながるのは、幼稚園の幼保連携型認定こども園への移行である。

幼稚園はすでに存在しているので、新たに場所を探して新設する必要がない。既存の幼稚園の設備を改修することを通して、待機児童の多い0～2歳児の保育を可能にしようとしている。

また、新制度では、地域型保育事業という名称で、小規模保育事業など4種類が実施できるようになっている。これも0～2歳児の受け入れを目当てとしている。

つまり、2015年の少子化社会対策大綱は一応、働き方改革の旗印は掲げているが、実質的には社会資源の活用による待機児童対策を目論んでいるのである。ここで少子化対策は、エンゼルプランの路線に戻ってきたと言える。

大きな流れでみると、社会資源の活用から働き方改革へと進もうとしたが、日本の社会の動向がそうならないので、結果として子育て支援の仕組みの基本路線は、社会資源の活用になっている。ただ、保育所という社会資源は、昭和の頃からの整備が不十分なため、活用に限界が近づいている。今後、保育所のみでは乳幼児の保育の受け入れに困難があるので、新たな社会資源の活用に方向を見出そうとしている。それが、幼保連携型認定こども園であり、地域型保育事業である。

ただこのことは、大きな問題をはらんでいる。それは保育の質の保障を後退させかねないからである。このことについては、章を改めて取り上げる。

第4章　学童保育の待機児童問題

学童保育の現状

保育所の待機児童問題は、卒園し小学校に入学すれば解消されるわけではない。そこでは、学童保育の待機児童問題が生じている。

なお、行政においては「放課後児童クラブ」という名称が用いられることが多いが、ここでは一般的によく使われる「学童保育」という名称を使用する。

学童保育の待機児童問題も近年の大きな課題である。

先に「少子化社会対策大綱」の概要を示したが、その重点課題の1の3番目に、「「小一の壁」の打破」とある。これは、学童保育を拡充し、待機児童問題を解消すると同時に、小学校3年生までを対象にしていたものを、小学校6年生まで拡大するということである。

実態はどうであろうか。2016年時点で、学童保育の数は全国で2万7、638か所、利用児童数が107万6、571人、待機児童数が1万5、839人となっている。保育所の待機児童数が、2万3、553人であるから、少なくない数である。おそらく保育所と同じように、潜在的な待機児童数はかなりのものになると思われる。

そして、保育所と同じように、学童保育の待機児童問題は、社会的に認識されてこなかっただけであり、以前から生じている。そして、保育所以上に見えない問題として、近年まで続いてきたという経緯がある。

学童保育の歴史的な流れ

ここで簡単ではあるが、学童保育の歴史を概観しておきたい。保育所の待機児童問題は、1960年代にはすでに起きていたと先に述べたが、学童保育も同様である。その当時、「カギっ子」という流行語があったことを覚えている人もいると思う。カギっ子とは、両親共働きなどのように、学校から下校しても自宅に家族などがいず、自宅の鍵を持ち歩いている子どものことである。

今では鍵を持ち歩く子どもは珍しくないかもしれない。しかし、1960年代の頃は、子どもが鍵を持ち歩くこと自体が珍しく、そのような子どもが増加していることを「カギっ子」

という流行語は示している。

当時、保育所は社会資源として位置づけられていたが、学童保育には保育所のような法的な位置づけはなかった。そのため、学童保育施設は、保護者の共同保育として立ち上げられたところが多い。

それに対して、国の動きは鈍いものであった。1966年に、「カギっ子」対策と言われる留守家庭児童会育成事業が、当時の文部省によって実施された。放課後の子どもの対策であるから文部省の管轄として始められたが、十分機能せず、1971年で打ち切られた。

その後、1976年に厚生省が、人口5万人以上の自治体を対象に、「都市児童健全育成事業」として開始したが、児童館が整備されるまでの一時的措置という位置づけであった。その後、人口5万人以上から人口3万人以上の自治体へと対象が広げられ、1991年には「放課後児童対策事業」と事業名称を変更し、すべての自治体で実施できるようになった。

このように書くと順調に普及したように見えるが、実態はまったくそうではない。というのは、放課後児童対策事業としての補助金は、当時で年額100万円程度であった。それと利用料を合わせて運営するのである。設備などの要件も明確ではなく、現実に実施できるところは限られていた。先に触れた共同学童保育、保育所の併設事業などが主である。自治体に理解があれば、公設の学童保育が設立されるが、これは自治体ごとの温度差が大きかった。筆者が学童保育を立ち上げたのは1987年であり、保育所の併設であった。人口6,000人の町だったので、都市児童健全育成事業の対象にはならず、また保育所からの費用支出も当時は認められていず、まったく個人的な取り組みとして開始した。学童保育の建物すら自弁である。そして保育所の卒園児の保護者に案内したが、当時はまだ「学童保育」という言葉が理解されず、新手の学習塾と勘違いされることが多かった。本当に必要な人には感謝されたが、一般的な認識はそのような状態だった。

児童福祉事業としての位置づけの弱さ

1990年代に入り、学童保育が一般的に知られるようになった。その流れで、1997年に児童福祉法の改正で、「放課後児童健全育成事業」として定められた。まだ20年ほど前の話である。児童福祉法に規定されたが、保育所のように設置・運営の基準を定めたわけではない。したがって、どのような設備を備えて、どのような職員が配置され、どのような内容で実践するかということはほとんど定められていない。それがようやく最近になって少しずつ整備されてきているが、まだまだ不十分である。

児童福祉法に定める児童福祉事業になったが、その基盤は弱い。そして、「放課後児童健全育成事業」という名称が正式になったが、実態を反映した名称と言えず、そこにも課題がある。

この名称のどこが問題か。それは、学童保育の対象は、放課後児童に限定されないからである。保育所から小学校への移行であり、放課後の子どもたちを対象にしているからそれでよさそうに思うが、実態はそうではない。それは、保育所と小学校の違いから生じる違いである。

保育所は、一般的には月曜日から土曜日の週6日間、1日11時間の開所をしている。それに加えて、延長保育や休日保育を実施している保育所もある。小学校は最近、土曜日授業も出てきたが、基本は月曜日から金曜日の週5日間である。学期間には、夏休みなどの長期休暇がある。

この違いが、学童保育の在り方につながる。つまり、学童保育は、放課後の時間帯だけでなく、土曜日や夏休みなどの長期休暇などにも対応することが求められる。学期中の月曜日から金曜日の間こそ放課後児童が対象だが、土曜日や長期休暇などは登校していない小学生を対象にしているのである。それは朝から夕方まで、保育所と同じような時間帯が学童保育では必要になる。つまり、平日は放課後に小学校から学童保育にやってきて、保護者の迎えまでの時間を過ごす。土曜日や長期休暇のときは、朝から学童保育に登園し、丸1日を過ごすという保育所と同様の形態になる。さらに、運動会などの行事による振替休日も、学童保育は対応する。単純に言えば、平日は、3、4時間程度の学童保育であるが、学校休みの日は、1日9、10時間程度、学童保育で過ごすことになる。

これを思えば、「放課後児童」という名称の不十分さがわかる。このような実態に対して、「放課後児童」では対社会的には十分な理解は得られにくい。放課後児童クラブという名称が多用されることによって、放課後の短い時間だけを預かるちょっとした場所だという誤解を招きかねない。そこには、社会的な認識を誤らせる要素がある。

矛盾する施策

「放課後児童健全育成事業」という名称が、実態を十分表していないのではないかと疑問を呈した。同様に、学童保育を担当する職員についても、疑問となる点がある。

従来、学童保育の指導員は、特別な資格要件はなく、いわば誰でも担当できるものであった。それが2015年度より、放課後児童支援員の資格が規定され、配置が義務づけられた。それまで特に資格要件がなかったのに対し、児童福祉法上の事業として資格要件を定めるのは理解できることである。問題はその内容である。

従来の指導員には無資格者も多かったと思われるので、支援員の資格のために研修の受講が必須となった。問題はここである。無資格者だけでなく、保育士資格保持者も研修を、一部免除はあるものの、受講が義務づけられた。これは、資格の位置づけとして疑問が残る。

というのは、保育士は、保育所に限定された資格ではない。児童福祉の資格である。保育士の有資格者は多くが保育所に勤務しているし、また一般の保護者との接点も保育所が多いから、保育士は保育所のみの資格のように思われがちだが、そうではない。保育士は、児童福祉全般に適用される資格である。つまり、保育士は、保育所だけでなく他の児童福祉施設でも保育士として勤務できるし、またそのような職務の人も少なくない。

児童福祉施設といっても、あまり馴染みがないかもしれない。その中で比較的認識されているのは、児童養護施設であろうか。入所型の施設であり、子どもと24時間の生活を共にすることが必要である。また、児童養護施設は、満1歳から18歳までの子どもたちの生活の場であるから、幼児、小学生、中学生、高校生と、年齢幅の広い子どもとのかかわりが求められる。そこにおいて保育士資格は有効である。ただ正確に言うと、「児童指導員」という職種もある。これは任用資格であり、保育士資格とは別になるが、保育士として2年間の経験があれば、児童指導員になることができる。このあたりは少し複雑であるので、これ以上は触れないでおく。

保育士資格を取得するには、保育所保育だけでなく、児童福祉全般にわたって学習することが必要である。実習も保育所だけでなく、他の福祉施設での実習が必須となっている。

これらを考えると、放課後児童支援員の資格に疑問を呈した理由がわかると思う。学童保育すなわち放課後児童健全育成事業は、児童福祉法に規定されている。その担当である指導員が無資格のままではまずいというのはわかるが、保育士資格だけでは不十分で、その上に特別な研修の受講が必要であるとなると、ある意味、放課後児童支援員の資格は保育士資格よりも上位にあることになる。

学童保育の実践も大切なものであることは理解した上で、しかし保育士資格との上下関係になるのはおかしいと指摘したい。学童保育よりも子どもの年齢幅が広く、24時間の生活にかかわる児童養護施設が、保育士資格で就労できることを考えればなおさらである。

なお、幼稚園や小学校の教諭免許の保持者が、先の放課後児童支援員の研修の受講を（一部免除はあるが）必要とするのは、理解できる。なぜなら、学校教育の免許で児童福祉の仕事はできないので、その部分の研修が必要になるからである。

一見すると児童指導員も似たようなものに思えるかもしれないが、児童指導員は任用資格であり、また保育士として2年以上の経験があれば対象になる。しかし、放課後児童支援員は、保育士の有資格者がさらに研修を受けなければならないのである。経験年数は考慮されていない。たとえば、保育所で20年勤務した保育士も放課後児童支援員の研修受講が必要になるわけで、児童指導員とは異なるし、資格として上下関係になりかねない。

しかも、このように保育士資格の上位に位置づけられるようでありながら、実際の待遇は、保育所保育士も不十分であるが、それよりも低くなっている。学童保育の補助金の設定基準として、一般的な規模である子ども40名程度であれば、年間700万円程度になっている。これに利用料収入などを加えても、職員の給与水準は低いものにならざるをえない。

資格としてはハードルを高くし、勤務条件の改善は遅々としてなされない、これでは、学童保育の待機児童問題の解消は難しい。ここにも、子どもの育ちに対する社会の眼差しの貧しさが現れている。

第5章　保育者と保育の質

幼保連携型認定こども園への移行

　これまでのところで、待機児童問題が、近年のことではなく、長年にわたって社会の認識から隠されてきたことを述べてきた。そして、待機児童問題というと、保育所関係が主に取り上げられるが、それ以上に学童保育の問題が隠されてきたことにも触れた。

　待機児童問題に対して２０１５年の「少子化社会対策大綱」は、子ども・子育て支援新制度という保育制度の変更をもって対応しようとしているが、そこには保育の質の低下の懸念がある。幼保連携型認定こども園と地域型保育事業の２つにおいて、その懸念は大きい。

　まず、幼保連携型認定こども園における懸念からみていこう。幼保連携型認定こども園に期待されるのは、幼稚園からの移行であると述べた。そこには、福祉的側面を含めた保育実践に対する懸念がある。幼稚園は制度上、保育所とは別個の施設である。幼児期の子どもの保育という原理は共通していても、保育所との相違点は少なくない。それをいくつか挙げると次のようなものがある。

・低年齢児の受け入れの違い
・長時間の保育の違い
・休日の取り方の違い

これらは、保育所と幼稚園の性格を異なるものにしてきた。そして、幼稚園が幼保連携型認定こども園に移行するということは、このような違いを超えなければならないことを意味している。

低年齢児の受け入れというのは、0～2歳児の受け入れである。特に0歳児については、保育所においても受け入れに積極的でなかった経緯があることについては、すでに述べた。それは、3歳以上と同様のかかわりでは0歳児の保育にならないからである。赤ちゃんが、いや胎児期から、人間の子どもは有能性を持っているというのは、20世紀の終わりから今世紀にかけて、発達研究において明らかになってきた。赤ちゃんはただ寝かせておいて、ミルクを飲ませオムツ替えをすればそれでいい、という育て方では不十分である。そのことが、0歳児の保育に反映され、どの保育所でも取り組むように仕組みが変更されたのが、1998年であった。保育所においても、0歳児の保育について、それが一般的な知見として見出され始めたのは、この20年程度に過ぎない。

それ以前から0歳児保育を行っていた保育所もあるが、多くの保育所にとっては、経験が浅い。0歳児の保育については、いまその充実を図る取り組みがなされているところである。

幼稚園が幼保連携型認定こども園に移行するということは、それまで受け入れていなかった0歳児をはじめとする低年齢の保育を実践することである。単純に3歳以上の保育と同様の取り組みをしても、対応は困難である。それなりの経験と専門的学びが必要になる。幼稚園の保育者も保育士資格を持っているからいいのではないか、と思われるかもしれないが、現状では約3割は保育士資格を持っていない。

また、保育士資格を持っていたとしても、幼稚園就職後、0歳児の保育の経験はないし、また現職研修などでも学ぶ機会はほとんどない。たとえば、医師免許を取得しているということは、医学のすべての分野を学んでいるということだが、実際の医師の医療は、内科や外科、皮膚科、眼科、耳鼻咽喉科など、無数と言えるほど細分化されている。それぞれの専門の医師が、簡単に他の専門分野の病気を扱えるわけではない。それは、弁護士なども同様で、やはりそれぞれに専門領域がある。

保育者も、専門職に位置づけられる職種である。3歳以上しか担当したことのない保育者が、そのやり方で0歳児の保育を明日からできますよ、というほど容易な話ではない。残念ながら、そのような保育者の専門性について、一般的な理解が薄いと言わざるをえないのが、社会の現状であるが。

2つめの長時間の保育については、保育所では、1日11時間をトータルで子どもと生活している。子どもと生活するというと簡単に聞こえるが、子どもの健康と安全を維持し、その発達を十全に図りながら、1日の長い時間を共に生活するというのは、それなりの専門的技術を要求される。

一方、幼稚園においては、1日4時間を標準にして子どもの生活を組み立てている。預かり保育もあるが、幼稚園においては、午後の降園のときに区切りをつけ、その後を預かり保育として時間と場所の設定を別にすることが多い。担当の保育者も変わる。

それが保育所では、登園から降園まで切れ目なく生活をするのである。時間の長さは、子どもとの生活に小さくない影響を及ぼす。

　また、3つめの休日の取り方の違いについては、保育者の働き方の変化として生じる。幼稚園は、土日が休みであり、長期休暇がある。私立は特色を出すために、休みのときも何かの活動を行うこともあるし、保育者は完全に休みになるわけではないが、一定期間、子どものいない時期がある。

　しかし、保育所の場合、土曜日も平日と同じ時間の保育であるし、長期休暇もない。保育者は、ローテーションやシフトを組んで、長時間の保育がとれるような体制を組んでいる。勤務時間中に保育者全員で職員会を行うことは困難であるし、研修等の学習についても、代替の保育者の確保などが必要で、容易に参加できない。

　幼稚園であれば、平日の午後や夕方等の勤務時間に、全員で職員会や研修を行える。日曜日に運動会等の行事を実施したら、月曜日に振り替えで休園できる。これらが、保育所では難しい。保育所では、日曜日に運動会を行ったら、保育者の振替休日を個別に与えているが、保育所自体が休みにはならない。

　保育所の待機児童の多さは、このような保育所の対応が背景にある。日曜日に運動会があっても、保護者は月曜日は仕事である。だから保育所に入所させる。仕事時間が長くても、無制限ではないが、ある程度の長時間の保育で対応されている。これらが、現実に必要とされる保育状況である。

幼稚園が幼保連携型認定こども園に移行するとき、このような在り方に保育者がすんなり適応できるかという問題が生じる。それまでのやり方を変えずに、保育所同様の受け入れをするとなると、あちこちで歪みが生じないとは言えない。

ここに挙げたように、幼稚園が保育所同様の機能を持つ幼保連携型認定こども園に移行するというのは、少なからずハードルがある。ここをきちんと踏まえないと、質を十分に維持してなおかつ保育ニーズに対応するということにならない。ハードルの越え方が不十分だと、ニーズへの対応が不十分になったり、保育実践の質の低下を招く危険性がある。

一般的な捉え方では、保育所も幼稚園も似たようなものでさして違いがないように見えるかもしれないが、長年の経緯によって蓄積された文化の違いは、端で見るより大きいものがあり、そこをどう乗り越えるかという課題が出てくる。

地域型保育事業

幼保連携型認定こども園への移行と並んで、子ども・子育て支援新制度における待機児童解

図表5－1　地域型保育事業の認可基準

事業類型		職員数	職員資格	保育室等	給食
小規模保育事業（認可定員6～19人）	A型	保育所の配置基準＋1名	保育士	0・1歳児：1人あたり3.3㎡ 2歳児：1人あたり1.98㎡	・自園調理（連携施設等からの搬入可） ・調理設備 ・調理員
	B型	保育所の配置基準＋1名	1／2以上が保育士 ※保育士以外には研修を実施します。		
	C型	0～2歳児　3：1 （補助者を置く場合，5：2）	家庭的保育者	0～2歳児：1人あたり3.3㎡	
家庭的保育事業（認可定員1～5人）		0～2歳児　3：1 （家庭的保育補助者を置く場合，5：2）	家庭的保育者 （＋家庭的保育補助者）	0～2歳児：1人あたり3.3㎡	
事業所内保育事業		定員20名以上・・・保育所の基準と同様 定員19名以下・・・小規模保育事業A型，B型の基準と同様			
居宅訪問型保育事業		0～2歳児　1：1	必要な研修を修了し，保育士，保育士と同等以上の知識及び経験を有すると市町村長が認める者	――	

※ A型：保育所分園，ミニ保育所に近い類型
　B型：中間型
　C型：家庭的保育（グループ型小規模保育）に近い類型

出所：厚生労働省ホームページをもとに筆者作成。

消の目玉になっているのが、地域型保育事業と呼ばれるものである。これは、一般にはあまり馴染みがないが、保育所よりも基準を緩和することによって施設を増やしやすくし、それで待機児童の受け入れにしようというものである。地域型保育事業には、上のような種類がある。

地域型保育事業においては、新規参入のハードルを低くするために、保育士や設備の要件を緩和している。たとえば、小規模保育事業は定員が6人から19人となっているが、さらにA型、B型、C型と細分化されている。中間型とされるB型は、保育士は2分の1以上、設備に庭は必要ない、となっている。

地域型保育事業は、市町村の認可であり、認可保育所とは位置づけが異なるが、認可外施設

図表5－2　保育士養成課程の教科目

＜系列：保育の本質・目的に関する科目＞
(1) 保育原理
(2) 教育原理
(3) 子ども家庭福祉
(4) 社会福祉
(5) 子ども家庭支援論
(6) 社会的養護Ⅰ
(7) 保育者論

＜系列：保育の対象の理解に関する科目＞
(8) 保育の心理学
(9) 子ども家庭支援の心理学
(10) 子どもの理解と援助
(11) 子どもの保健
(12) 子どもの食と栄養

＜系列：保育実習＞
(23) 保育実習Ⅰ
(24) 保育実習指導Ⅰ
(25) 保育実習Ⅱ
(26) 保育実習Ⅲ
(27) 保育実習指導Ⅱ又はⅢ

＜系列：保育の内容・方法に関する科目＞
(13) 保育の計画と評価
(14) 保育内容総論
(15) 保育内容演習
(16) 保育内容の理解と方法
(17) 乳児保育Ⅰ
(18) 乳児保育Ⅱ
(19) 子どもの健康と安全
(20) 障害児保育
(21) 社会的養護Ⅱ
(22) 子育て支援

＜系列：総合演習＞
(28) 保育実践演習

出所：厚生労働省ホームページをもとに筆者作成。

ではない。国の定めた制度である。その中で、保育士資格保持者は半分でいいとなると、質の保障に疑念が生じる。保育士以外には研修を実施するとなっているが、その研修を受ければ保育士同等になるか、という疑問である。

保育士の資格について

保育士資格を持っていれば、すぐれた保育者であるとは限らない。保育士資格を持っていなくても、保育者としての能力を持っていることもあるだろう。

しかし、保育士資格を取得しているということは、最低でもそのための知識・技術を学んでいるということである。上の表は、厚生労働省が示している保育士養成の教科目である。

これをみるとわかるが、保育士の学ぶ分野は多岐にわたっている。ざっと見渡しただけでも、心理、福祉、教育、保健、保育内容などがあり、2週間の実習が3回組み込まれている。また、同様のカリキュラムが、幼稚園教諭免許にもある。今日、保育士と幼稚園教諭免許の同時取得が一般的なので、それだけの単位を取得するのには、短期大学の2年間では、時間割がびっしりと詰まる。学生は自由な時間が多いと思われがちだが、保育士を取得しようという学生は、あまり余裕のない学生生活を送ることになる。短期大学の2年間では短いということもあり、四年制大学に移行するところも少なくない。

世間には、子育て経験のある母親なら、資格がなくても保育士ぐらいできるだろうという安易な認識があるが、とてもそれでは務まらない。それだけの学びを踏まえて保育士資格を取得しているということが、知識・技術の裏付けである。

資格を持っているということは、保育者としての最低ラインをクリアしているということである。それを考えれば、有資格者でなくても、小規模保育事業では保育業務を担当できるという条件は、保育の質に不安を投げかける。保育所においては保育士の定数が定められているが、資格保有者がその半分でも小規模保育事業や事業所内保育事業において実施が可能になっているのは、保育の質の保障という観点からは後退している。つまり、保育の質の低下の懸念のある保育施設を、国として認めているということである。

また、認可外保育施設においては、「保育従事者の3分の1以上が保育士資格を有すること」と定められている。認可外であっても、無資格者だけでいいというわけではない。このように対比すると、地域型保育事業は、認可保育所というよりも認可外保育施設の状況に近いところがある。あとは、それぞれの事業所の意識や努力に任されることになり、日本という国が、制度として保育の質を保障するという姿勢が後退していることがわかる。

諸外国との比較

なぜこのようなことになるのだろうか。それは、乳幼児の保育に対する社会の認識が低いからである。そのことは、他の先進諸国と比較するとわかる。それを端的に示すのが、日本は乳幼児に対する財源手当が少ないということである。それは次のデータからも明らかである。
図表5―3は、乳幼児保育への公的支出の国際比較（OECD、2009年）である。OECDは、「経済協力開発機構」の略で、図にあるような経済先進国に相当する35か国で構成されている。日本は、1964年に加盟している。

図表５－３　保育・幼児教育への公的支出の国際比較（2005 年）

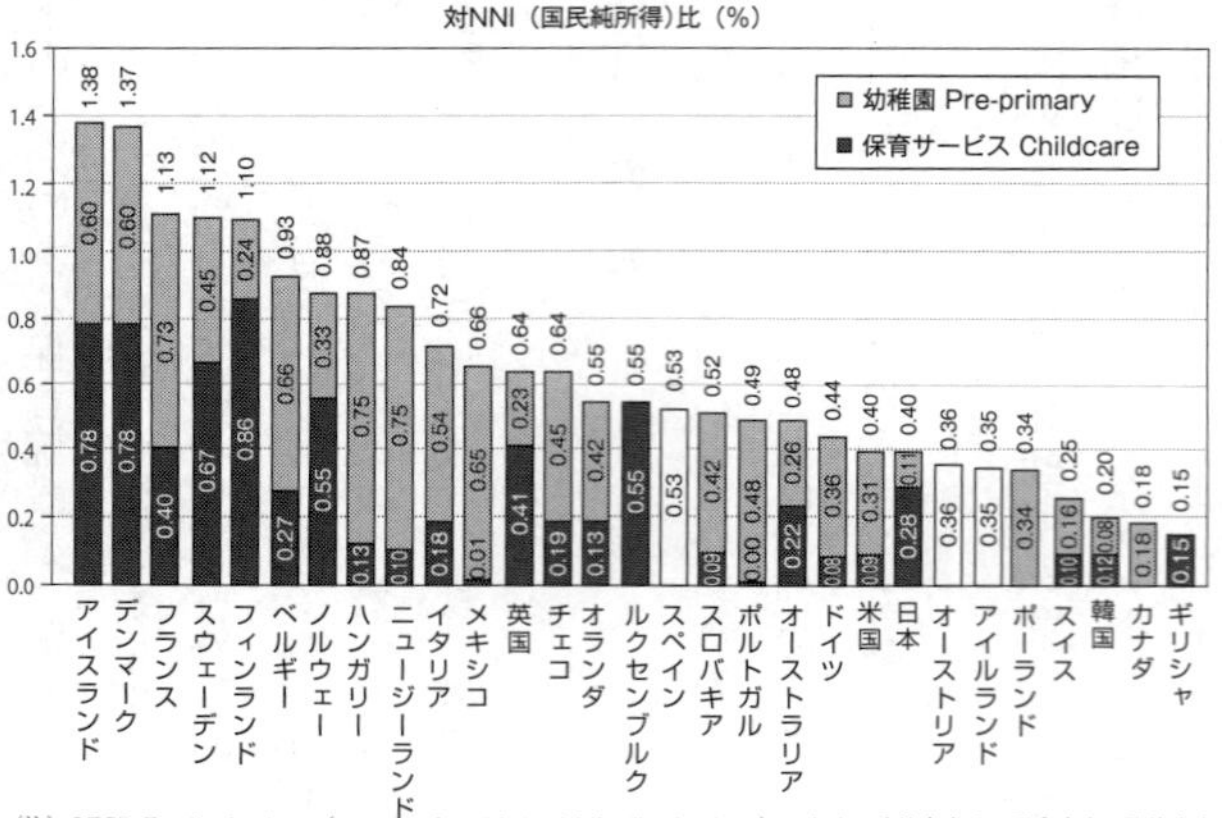

（注）OECD Family database（www.oecdorg/els/social/family/database）による。公的支出は，現金支出，現物支出（公立保育所・幼稚園），税控除を含む。ルクセンブルク，オーストリア，アイルランド，ギリシャは幼稚園データ不詳，カナダは保育サービスのデータ不詳。

（資料）OECD，Society at a Glance 2009

出所：社会実像データ目録ホームページ。

これをみるとわかるように、日本の乳幼児期の子どもへの財源支出は、先進国の中でも低い方であることがわかる。というよりも下から数えた方が早いくらいであり、保育先進国と比較すると半分以下の水準である。そしてそれは、保育所の水準に直結している。

保育者の数、それも有資格者の保育者の数は、保育の質において重要な影響を及ぼす。保育者の数と保育の質の水準がダイレクトに相関することは、これまでの研究から明らかになっている。

日本の認可保育所の保育士の定数は、次のようになっている。

0歳児　　　子ども3人に保育士1人
1、2歳児　子ども6人に保育士1人
3歳児　　　子ども20人に保育士1人（条件によっては15人に1人）
4、5歳児　子ども30人に保育士1人

これは、全国共通の最低基準である。あとは自治体によって上乗せしているところもあるが、上乗せのない自治体も多い。これを下回ることは、認可保育所では許されていない。

諸外国においては、保育のシステムが日本と異なるが、保育者の数について『ＯＥＣＤ保育白書』から抜き出して表にすると、図表5―4のようになっている。なお、先ほどの財源支出の高い方から順に並べてある。

乳幼児の保育制度というのは、各国で違いが大きい。小学校や中学校などは、国が違っても共通するところが多いが、乳幼児保育はそうではない。日本と同じ保育制度を整備している国はほとんどないのが実情である。よく外国の保育所はとか、外国の幼稚園は、という言い方がなされるが、それらは日本の保育所や幼稚園とは異なる施設であることが多い。ただ、適当な訳語がないから、当てはめているだけである。

図表5－4　子ども数と保育者数の比率

国名	子ども数：保育者数
デンマーク	0～2歳……3.3：1 3～5歳……7.2：1
フランス	0～2歳……5：1 2～3歳……8：1 3～5歳……25.5：1
スウェーデン	1～6歳……5～6：1
フィンランド	0～2歳……4：1 3～6歳……7：1
ノルウェー	0～3歳……7～9：1 3～5歳……14～18：1
ハンガリー	0～2歳……6：1 3～5歳……11：1
イタリア	0～2歳……7：1 3～5歳……10：1
イギリス	0～1歳……3：1 2歳……4：1 3～5歳……8：1
オランダ	0歳……4：1 1～2歳……5：1 2～3歳……6：1 3～4歳……8：1 4～5歳……10：1
ポルトガル	0～2歳……5～6：1 3～5歳……13～25：1
オーストラリア （州によって異なる） （長時間ケア施設）	0～2歳……5ないし4：1 2～3歳……12ないし10：1 3～5歳……10ないし15：1
日本 （保育所）	0歳……3：1 1・2歳……6：1 3歳……20：1（条件によって15：1） 4～5歳……30：1
オーストリア	子ども　8.7：1
日本 （保育所）	0歳……3：1 1・2歳……6：1 3歳……20：1（条件によって15：1） 4～5歳……30：1
オーストリア （0～3歳対象の保育所）	子ども　8.7：1
韓国	0歳……3：1 1歳……5：1 2歳……7：1 3歳……15：1 4～5歳……20：1

出所：『OECD保育白書―人生の始まりこそ力強く：乳幼児期の教育とケア（ECEC）の国際比較』（明石書店，2011年）をもとに筆者作成。

また欧米では、日本のような長時間労働が一般的ではないから、保育時間も日本と比較すると短い傾向がある。つまり、保育者1人当たりの子どもの人数だけではなく、担当する時間の長さも本来は考慮しなければならない。

そのような細かいところまでを含めて比較できるようなデータにはならないので、ここに示した表は、非常に大雑把なものであることを承知しておいてほしい。

そのうえで比較してみると、やはり財源措置がなされている国においては、保育者と子どもの比率が小さいことが見て取れる。日本より財源措置の割合が少し高いだけにもかかわらず、オーストラリアのように、日本より比率の小さい国もある。単純には言えないが、しかし保育者1人当たりの子ども数が少ないと、それだけ手厚くかかわれることは確かである。

また、欧米の保育施設では、よく食堂やアトリエという部屋のことが言及される。これらが保育施設に備えられていることが多いが、日本の保育所にはまずない。というのは、日本の認可基準では、子どもの保育室を整備するのが精一杯で、それ以外の余裕を持った空間設備を整えることができないからである。もちろん個人の財源で整備することはできるが、公的な財源ではまず無理である。逆にアトリエなどを作った場合は、そのしわ寄せが保育室など他の部分に来る。

日本の保育所の面積の基準、保育士の基準は、基本的に昭和の高度経済成長期から変わっていない。つまり、まだ貧しかった頃の基準が、バブルを経て平成が終わろうとする時代になっても有効なのである。ここにも、日本という国の豊かになるプロセスに置き去りにされた保育所の状況が現れている。

このように低い認可基準の中で取り組んでいる1人ひとりの保育者の頑張りによって、日常の保育が支えられている。その意味では、日本の保育士は、そのような条件にもかかわらず保育の質を支えているのであり、個々の資質は高い。しかし、それに対する社会的評価が低いのが現状である。そして、認可保育所で受け入れきれない子どもを、認可外保育施設が受け入れているわけであるが、そこにはどうしても質の問題がつきまとう。

それに対して、デンマークなどでは、いわゆる認可外の保育事業自体が法律で禁止されている（『OECD保育白書』）。つまり、子どもの保育を公的に保障するという社会の了解が行き渡っているのである。

このように、日本の保育条件は、先進国の中で低い水準にあるのに、待機児童解消の名の下に、それをさらに緩和して低くしようとしている。このことによって、子どもが過ごす毎日が貧しい状態になっていくことは明らかである。

図表５－５　保育所の保母（保育士）配置基準の改善状況

年度	0歳児	1歳児	2歳児	3歳児	4・5歳児
1948	10：1		30：1		
1962	10：1			30：1	
1965	8：1			30：1	
1967	6：1			30：1	
1969	（3：1）（注1）	6：1		20：1	30：1
1998	3：1	6：1		20：1	30：1
2015	3：1	6：1		20：1（15：1）（注2）	30：1

（注1）1969年度から1997年度までの0歳児の（3：1）は，乳児保育指定保育所の場合のみ。
（注2）2015年度以降の3歳児の（15：1）は，特定の条件の場合のみ。
出所：次のデータを元に筆者作成，逆井直樹（2016）「保育所最低基準と規制緩和政策」日本保育学会編『保育学講座2　保育を支えるしくみ―制度と行政』東京大学出版会，p.152。

保育士の過剰な役割

保育の質に大きく関与するのは、保育者の数であると述べた。保育者1人当たりの子どもの数が多ければ、それだけ十分な保育を実践することは困難である。しかも、保育者は、保育士などの有資格者であることが必要である。

保育所は、児童福祉法制定の1947年に法的な位置づけを与えられた。当初は、保育士（当時の名称は保母）と子どもの数は、0・1歳児が10人に1人、2～5歳児が30人に1人であった。これは第二次世界大戦直後であることを考えれば、やむをえない状況であったと言える。

次の表は、保育士の配置基準の改善状況をまとめたものである。戦後すぐの時期からしばらくの間は、少しずつ改善されているのがわかる。そして、１９６９年で実際の改善はストップしている。１９９８年に０歳児の配置基準が明記されているが、それは先述した乳児保育の一般化である。それ以前であっても、乳児保育指定保育所であれば、０歳児の配置基準は、３：１であった。また、２０１５年度以降、３歳児は特定の条件を満たせば15：１になるが、そうでなければ20：１のままである。

気をつけて表を見ればわかるが、１９６９年度までの改善は、０～２歳児を中心としたものである。４歳児、５歳児の配置基準である30：１は、第二次世界大戦直後の１９４８年以来、約70年間にわたって、まったく改善されていない。大戦直後の日本の貧困状況は説明するまでもないだろう。４・５歳児は、現在もその時と同じなのである。

そして、事実上改善がストップした１９６９（昭和44）年は、大阪万国博覧会の１年前である。高度経済成長のまっただ中であり、１年ごとに豊かになることが社会全体で実感できた時代である。このことを参照するのに、住環境の変化を追って考えてみたい。

その頃は、一般的な住宅の間取りでいうと、２Ｋから２ＤＫへと変化する頃である。２Ｋとは、６畳と４畳半の部屋に台所（というよりお勝手）が付いている間取りが代表的である。大体35㎡になる。２ＤＫは、部屋が２つにダイニングキッチン（ＤＫ）という間取りで、大体40㎡ぐらい。この時期は、洗濯機が外置きになるか内置きになるか、風呂もバランス釜という旧式だったりするという古めかしいタイプが多い。

2DKが主流の時期から、3DK、2LDK、3LDKと、部屋数が増えたりリビングダイニングキッチン（LDK）形式に変わっていくのが、1980年代から90年代。2LDKで、大体50㎡ぐらいが標準であろうか。

このように振り返ると、一般的な家族の住む住宅が、部屋数が増え、広くなっているのがわかる。1970年前後と現在とでは、1・5倍から2倍ぐらいの広さの違いがあると言える。もちろん、電化製品も発展しており、便利さは増している。

住環境を見ると、日本の社会がどれほど豊かになってきているかがわかる。その中で、保育所の保育士配置基準は、約50年にわたり変更されてきていない。保育所の補助金の中で、人件費の割合は約7割を占めている。保育士の数が増えることは、そのまま補助金の増大につながる。それが50年間据え置かれているのである。もちろん、保育士配置基準以外のところでの補助金もあり、財源がまったく増えていないわけではないが、しかし、配置基準が変更されなければ、根本的な改善にはならない。

これほど変化のない基準であるが、その一方で、保育士の役割は様変わりしている。

1969年頃、保育士ではなく保母と呼ばれていたが、その役割は子どもの保育が中心であった。これまで述べてきたように、0歳児はほとんどいず、1日の保育時間も短かった。

現在の保育士は、0〜5歳児という年齢幅の子どもたちと、長い保育時間を通してかかわっている。それ以外にも、子育て支援の役割を担っていて、園児の保護者だけでなく、地域の子育てセンター的な位置づけとして、在宅児の子育ての支援も保育士が対応している。

また、かつては少なかったアトピーやアレルギー問題であるが、いまでは多くの保育所で対応している。除去食など特別な対応をとることも少なくない。O-157食中毒など社会的な問題が起きると、保育所でも対策が取られる。不審者問題があればその対応、東日本大震災の教訓を生かしての大災害への対策、乳幼児突然死症候群（SIDS）の対応など、役割は増大するばかりである。

このように増えていく役割に対して減ったものは何もない。増えるだけの業務に対して、配置基準が変わらないのであるから、保育士の業務がオーバーワークになるのは当たり前である。

50年前と同じ配置基準で現在の役割を求めるのは、どこかにしわ寄せがきているはずである。どこに来ているだろうか。それが、子どもの保育についてである。子どもの保育において重要なものは、日常の生活の安定と遊びである。この遊びの部分が、薄くなっていく傾向がある。

保育内容における遊びの重要性は、保育所保育指針や幼稚園教育要領などにおいて明確に記されている。そして、子どもの遊びを成り立たせるためには、保育士は多大なエネルギーを必要とする。一般的な誤解であるが、子どもと遊ぶなんて簡単なことだ、子どもは遊ばせておけばいいんだ、というものがあるが、これほど誤った認識はない。

子どもと遊ぶことは、保育において最も重要であると同時に、最も技術を要するものであり、最もエネルギーを使うものである。

そして、保育士の業務が増加することは、遊びに費やす時間やエネルギーが削がれることである。そしてそれは、子どもの健やかな育ちを妨げることになる。乳幼児期の育ちは、その時期で完結するものではない。人生の土台であり、その子の将来に大きく影響するものである。そのために重要なのが、乳幼児期の遊びである。遊びの充実こそが、最重要なのである。このことが忘れられがちになっている。

これらの任務を、保育士個人の頑張りで保っているのが今の状況である。どこかで破綻がくるのは目に見えている。そうならないためには、保育士定数の改善は待ったなしである。

認可保育所の経営状況

待機児童の多くは、認可保育所に入所できないから、認可外の保育施設に入所したり、無理を言って祖父母に頼んだりしている。つまり認可保育所に入所できるなら、その方がいいというのが正直なところだろう。

認可外施設の中には、東京都の認証保育所のように認可に準じた施設もあるが、それでも条件は少し悪くなる。さらに、補助があってもごくわずかの金額であるような認可外施設、自治体の補助のないような認可外施設においては、保育士の数、環境の整備が不十分な場合が多く、保育料は割高になるケースが多い。

日本国憲法の第25条には「すべて国民は、健康で文化的な最低限度の生活を営む権利を有する」とある。日本も批准している児童の権利に関する条約においては、「子どもの最善の利益」が謳われており、これは児童福祉法にも明記されている。

このことを具体化しているのが、保育所の場合、「設備及び運営に関する基準」である。これは保育所の最低限度の基準を定めている。つまり、認可保育所は、憲法や子どもの権利条約、児童福祉法に応じて、子どもの健康で文化的な最低限度の条件を満たしていることによって認可されているわけである。認可保育所は、これを下回ることのないように運営することが求められており、それに応じた補助金が公的に給付されている。

近年話題になっている保育士の給与水準の低さは、認可保育所への補助金の少なさが背景にある。

1998年に措置制度から選択制度へと変化したことは、すでに述べた。措置制度の時代、保育所への補助金は「措置費」と呼ばれていた。措置費を決めるものとして、保育士の給与は経験年数10年を基準にしていた。つまり、短大卒30歳が平均給与になるように算出されている。そして全体における人件費の比率を約70％とみなしていた。この基準は、現在でも大きくは変わっていない。

図表5―6は、独立行政法人福祉医療機構のデータであるが、2015年において保育所の常勤職員の勤務年数9・5年、人件費率70・5％と、措置費の水準とほぼ同等であることが見て取れる。したがって、現在でも保育所の財政基盤は、私立の場合であるが、以前と比べて大きな違いはない。

一般的な会社であれば、20歳頃から60歳の定年までの年齢層が勤務していれば、平均年齢は約40歳である。それよりも10歳若い給与水準での補助金給付であるから、保育士の給与が低くなるはずである。

図表５－６　平成26年度・平成27年度　保育所の経営状況（平均）

支払区分		平成26年度 n＝2,756	平成27年度 n＝4,214	差 H27-H26
平均認可定員数	人	106.3	108.3	1.9
利用率	%	108.2	104.9	△3.3
在所児１人１月当たりサービス活動収益	円	97,853	103,430	5,578
１施設当たり従事者数	人	26.3	26.1	△0.2
常勤職員の平均勤続年数	年	9.1	9.5	0.4
サービス活動収益	千円	135,051	140,944	5,893
保育事業収益	千円	134,282	140,275	5,994
補助金事業収益	千円	22,919	16,297	△6,622
サービス活動費用	千円	128,211	130,264	2,053
人件費	千円	97,721	99,315	1,594
経費	千円	26,007	26,375	368
サービス活動増減差額	千円	6,840	10,681	3,840
人件費率	%	72.4	70.5	△1.9
経費率	%	19.3	18.7	△0.5
サービス活動収益対サービス活動増減差額比率	%	5.1	7.6	2.5
従事者１人当たりサービス活動収益	千円	5,128	5,396	268
従事者１人当たり人件費	千円	3,711	3,802	92
赤字施設割合	%	21.6	13.4	△8.3

（注）数値は四捨五入のため，内訳の合計が合わない場合がある（以下記載がない場合は同じ）
出所：独立行政法人　福祉医療機構ホームページ。

しかも、人件費比率は70％である。これはかなり高い水準である。

サービス業（抜粋）：売上高人件費率
ごみ収集運搬業：44・5％
不動産鑑定業：53・9％
警備業：64・9％
情報処理サービス業：61・9％
産業廃棄物処分業：24・8％
受託開発ソフトウェア業：53・2％
労働者派遣業：59・2％
ビルメンテナンス業：46・5％
経営コンサルタント業：46・9％
訪問介護事業：70・4％
建築設計業：40・5％

広告制作業：29・5％
通所・短期入所介護事業：60・6％
自動車一般整備業：28・3％
葬儀業：30・2％
デザイン業：39・4％
美容業：53・6％
学習塾：43・3％
（「社長が見るブログ」をもとに筆者作成）

ここにサービス業の人件費の比率をデータとして示した。このようなデータは、いくつか異同はあるが、大体の傾向はつかめる。サービス業は、人が中心の職種であるから一般に人件費率は高い。しかし、高くても60％程度である。70％というのは、ここでは訪問介護事業である。介護の分野も、給与水準など低いと言われることがあるが、それは保育所と同様である。他の分野は高くても60％であり、50％以下も多い。職種の特徴で違うところであるが、それでも70％は高い比率であると言える。

保育所の補助金は、子どもの年齢と数によって大きく左右される。というと、子どもをたくさん入所させれば補助金が増えるのではないか。それこそ待機児童が多いのだから、もっと入所させれば、保育士の給与も上げられるのではないか、と考える向きもあるかもしれない。残念ながら、そうはならない。なぜなら、子どもの数が増えると、それに対応する保育士の数も増やさなくてはならない。保育士の配置基準の最低レベルは、先に述べたように決まっているので、増えた子どもの数だけ収入が増えるだけではなく、それに見合って保育士の数も増え支出も増える。結果として、人件費比率は70％程度にならざるをえない。しかも、30歳前後を平均年齢に想定しているから、勤務年数が長くなっても給与を引き上げることができない。

それでは、他の部分を節約して人件費に使える割合を増やすということを考えるかもしれない。保育所において人件費以外で大きな割合を占めるのは、子どもに関する支出である。中でも給食費は大きい。給食費については、3歳以上児で昼食と午後のおやつ、3歳未満児で昼食、午前のおやつ、午後のおやつと、1日2回ないし3回分の材料が必要になる。これらを、２０１３年度の定員60人以上の保育所の決算の分析データから、独立行政法人　福祉医療機構の情報に基づいて次に示す。

保育所（定員60人以上、有効集計対象1、264施設）

人件費率	72・3％
事業費	12・0％
（うち給食費）	（5・6％）
事務費	7・5％
減価償却費	3・4％

（独立行政法人福祉医療機構ホームページ）

ここに挙げたもので、支出の95％と大半を占める。この中で、子どもを対象にした支出の多くが事業費である。保育所の中で、子どもに対して使われているのは全体の1割ちょっとしかないのである。もっと子どもに使われていると思った人も多いのではないだろうか。その事業費の約半分が給食費である。

つまり、平均的な私立認可保育所は、平均年齢30歳という若い保育士で構成され、保育士を含む職員の給与に収入の約7割を当てている。したがって、残りの30％でやりくりすることなるが、その中で給食費が5～6％と大きな割合を占める。ここを節約することは難しい。というのは、子どもの栄養水準を下げるわけにはいかないからである。かといって、給食費を増やすと他の部分を圧迫することになる。保育所の給食を知っている方は、もう少し豪華にしてもいいのではと思うかもしれないが、これ以上、給食費に割けないわけである。

子どもを対象にした支出は、給食費以外に、おもちゃ、遊具、色紙などの保育用品などがある。それらを潤沢に購入できるほど余裕のある保育所は少ない。他にも必要な支出があるからである。

たとえば、電気代、水道代、ガス代などのランニングコストがある。現在では、パソコンやインターネットも必須であり、膨大な書類のためのコピー機もかなりの費用になる。さらに、台風や大雨などの災害や老朽化による修繕などのために、少しでも積立が必要になる。

子どもの環境を整えるための財的基盤がいかに貧しいかわかる。

規制緩和の問題

本来、保育所の運営は、公立かもしくは公益法人である社会福祉法人が主体となるのが原則である。ここで私立保育所と言っているのは、社会福祉法人の運営を前提として述べている。

それに対して、さまざまな経営主体の参入を容易にすることで、保育施設を拡大しようという動きがある。いわゆる市場原理に基づく発想である。規制に護られているから待機児童問題が解消しないのだから、規制を緩和すべきだというのである。たとえば、待機児童対策の推進のために、株式会社系が保育所を運営することが認められ、その数は増えている。

毎日新聞は、２０１６年10月16日のネット記事「都内保育所　人件費割合に差　株式会社運営、国想定下回る」において、次のように記している。

「毎日新聞は、都の補助対象となる保育所と小規模保育所計１５０６施設の情報公開を請求し、8月末時点で未提出分や未記載などのあった施設を除いた上で、社会福祉法人の運営する８６６施設と株式会社の３３９施設を調べた。社会福祉法人は国の想定並みの69・2％だったが、株式会社の施設は49・2％にとどまった。」

（毎日新聞、２０１６年10月16日）

この記事によると、株式会社運営の保育所においては、社会福祉法人運営の保育所よりも、約20％少ない支出割合で人件費が構成されている。社会福祉法人の場合でも、保育所の給与の低さが問題になっているのであるが、株式会社運営の場合、さらに低水準になる傾向がある。その分が子どもの保育に当てられていればいいが、その保障はない。待機児童問題解消のための一般企業の積極的な参入という図式の陰で、保育所がどのように運営されているかという視点が隠れてしまっている。

株式会社はフットワークが軽いから、参入することで受け皿が多様化する、という意見もある。このことも単純にはうなずけない。なぜなら、フットワークが軽いということは、参入も早いが、撤退も早いということになるからである。

社会福祉法人は、その性質上、公益を主とするから、保育所運営を主体とする社会福祉法人は、撤退には非常に慎重である。それに対して、株式会社などの収益法人は、撤退が早い。

このことは、すでに介護業界で問題になっている。たとえば、高齢者施設を運営している企業が撤退することによって、住居者の不利益が生じる例である。同様のことが、保育所でも起きないとは言えない。今後も多様な経営主体の参入が広がるにつれて、社会問題化する可能性がある。

高齢者においては、終の棲家が奪われるという事態になる。

保育所の場合、早期の撤退が相次ぐと、心のふるさとが奪われることになる。後から振り返ったときに、自分の育った場所がそこにあるという思い出は、けっこう大事なものである。社会福祉法人が撤退しないということはないが、収益法人よりはその可能性は小さい。

改めて言えば、多様な経営主体が参入したとしても、社会福祉法人より良い条件で保育所を運営することは困難であり、むしろ低下する状況がある。もちろん社会福祉法人であれば、いい経営ができるとは限らない。根本的に、保育行政の貧困という問題があるからである。

保育所のこのような財源給付の基準は、基本的に１９５０年代から60年代の日本自体が貧しかった頃と大きな変更はない。それ以降、微々たる向上はあったが、日本の１９５０年代と１９８０年代とを比較すると、格段の経済的豊かさの違いがある。日本という国の豊かになるプロセスが、認可保育所には波及しなかったということである。つまり、取り残されたのである。その理由は、これまでも触れてきたように、乳幼児保育が軽視されてきたからである。

このようにみると、認可保育所の台所事情がかなり苦しいことがわかる。これで、子どもの最善の利益を保障しています、というのは、国際的には苦しいものがある。

保育のどこを見ているのか

待機児童問題を、単に数の解消として捉えると、子どもの世界がいびつなものになりかねない。子どもが健やかに育つということは、当たり前のこととして実現されなければならない。そのことは、教育基本法にも謳われている。同法の第11条には幼児期の教育として、次のように記されている。

（幼児期の教育）
第11条　幼児期の教育は、生涯にわたる人格形成の基礎を培う重要なものであることにかんがみ、国及び地方公共団体は、幼児の健やかな成長に資する良好な環境の整備その他適当な方法によって、その振興に努めなければならない。

教育基本法はすべての国民を対象にしているので、この条文は幼児期の子どももすべてが対象となる。幼児期とはいつを指しているかは明確ではないが、乳児期という言葉がないので、教育基本法では誕生から小学校就学までを示していると推察できる。そのすべての子どもの「健やかな成長」を保障しているのである。

それにもかかわらず、どうしても世間の目は、幼児期というと3～5歳児の部分、それも幼稚園に相当する部分にしか、向かない傾向がある。

たとえば、幼児教育の無償化という議論が、最近聞かれる。3～5歳児の保育料を無料にするという話である。

しかし、どうだろうか。

3～5歳児については、保育所、幼稚園、認定こども園への就園率は高い。特に4・5歳児は9割を超えている。つまり、ほとんどの子どもが小学校入学前にどこかの保育施設に在籍している。そのための保育料は、義務教育ではないので保護者が負担しているが、そのことについては、大きな社会問題とはなっていない。もちろん、子育てにおいて負担が軽減されることは、何であっても歓迎されるだろう。しかし、待機児童問題と3～5歳児の保育料無償化問題とを比べたとき、どちらが大きな問題となっているかは、社会の動向を見れば明らかである。そのことを踏まえれば、3～5歳児を対象とするよりも、0～2歳児の認可保育所や認定こども園への受け入れに対して財源充足をすべきであるはずであるが、そうならないのが日本の現状である。

ここまでみてきたように、待機児童問題は、昨日今日始まった問題ではない。数十年にわたって慢性化した問題である。それは、一度も抜本的な対策を取らず、場当たり的な対応で済ませてきたつけが回ってきているのである。

思えば、高度経済成長期からバブル期にかけては景気のいい話が多かった。高齢者の病院受診無料もその頃である。ふるさと創生として、すべての地方自治体に1億円を支給するということもあった。その頃も待機児童問題はあったのである。しかし、乳幼児保育に対する関心が薄く、現実的な対応はほとんどなされなかった。そのため、保育士定数の改善や保育士の給与の改善はなされず、保育設備も貧しいままである。その後、エンゼルプラン以降の子育て支援においても、現状のままで対応しようとしており、抜本的な対策にはほど遠い状態である。

誤った要因はいくつかある。

まず、日本の保育状況の貧困さが認識されなかったことである。第二次世界大戦後という貧しい時期に定まった基準が、社会は経済成長で豊かになったのに、それに見合う改善が十分なされなかったことである。

そして、待機児童問題の根っこをつかみ損ねたことである。調査に基づく待機児童数という表面のみが強調され、認可外施設の状態が看過されてきた。認可保育所自体が、先進国基準としては低い。それよりも状況の厳しい認可外施設は、より条件が悪くなる。そのような場にどれほど多くの子どもたちが在籍せざるをえないか、ということを軽視してきたのがこれまでである。

人口置換水準は、合計特殊出生率2・07と言われる。それを下回ったのは、1974年の2・05である。それ以降、2・0を超えたことはない。もう40年以上が経過している。半世紀近く、少子化傾向は続いていることになる。政府は、合計特殊出生率1・8を目標にしているが、これとて人口置換水準には及ばない。そしてその目標値すら、現在の1・44からするととてつもなく高い数値に思える。

先進諸国は、一部を除くと人口置換水準を下回る出生率である。それは次頁のデータでもわかる。

その中でも、日本の出生率は低い方である。日本の出生率の低さにいくつかの要因があるだろう。その1つに、間違いなく待機児童問題がある。待機児童問題が解消されれば出生率が回復するとは言えないが、待機児童問題が解消されなければ、出生率の回復が遠のくのは間違いない。

図表５－７　諸外国の合計特殊出生率の動き（欧米）

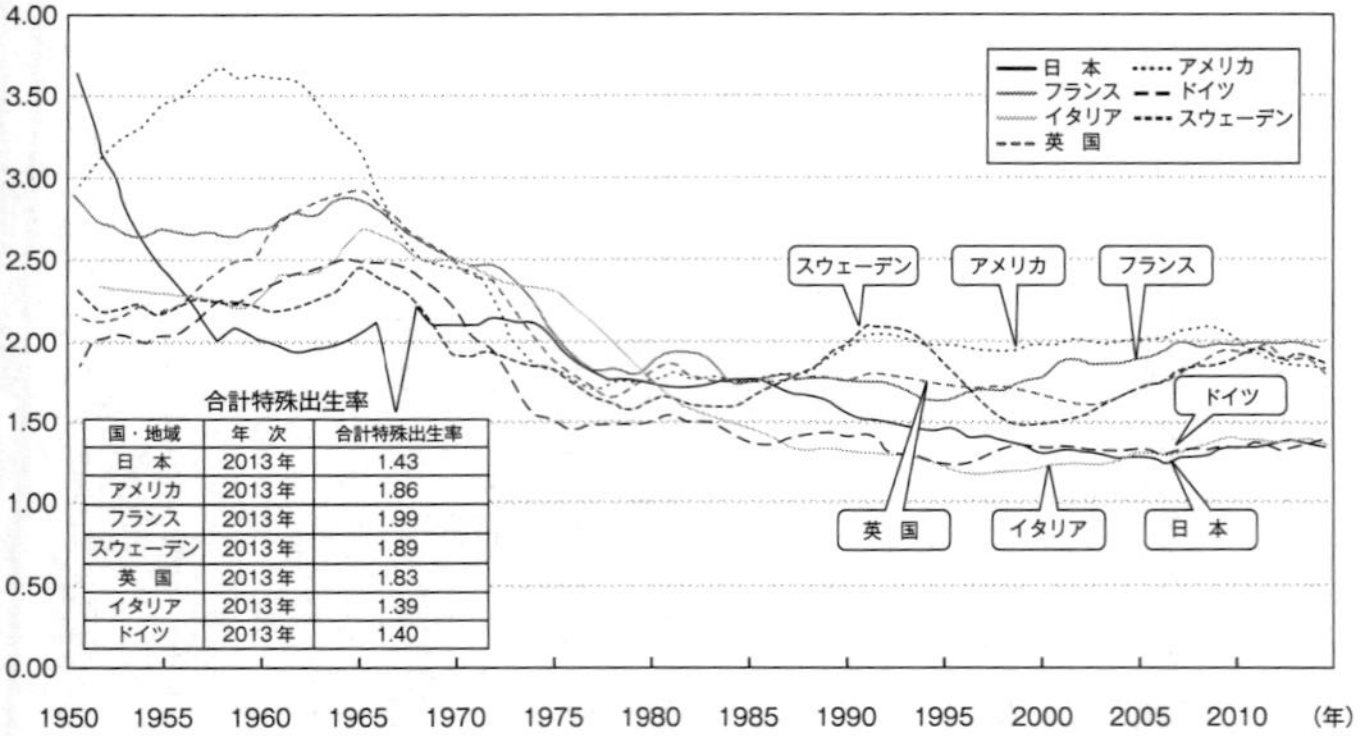

国・地域	年　次	合計特殊出生率
日　本	2013年	1.43
アメリカ	2013年	1.86
フランス	2013年	1.99
スウェーデン	2013年	1.89
英　国	2013年	1.83
イタリア	2013年	1.39
ドイツ	2013年	1.40

資料：ヨーロッパは，1959年まで United Nations “Demographic Yearbook” 等，1960年以降は OECD Family Database（2013年2月更新版）による。ただし，2013年は各国の政府統計機関等。アメリカは，1959年まで United Nations “Demographic Yearbook”，1960年以降は OECD Family Database（2013年2月更新版）による。ただし，2013年は “National Vital Statistics Report”。日本は厚生労働省「人口動態統計」。

出所：内閣府ホームページ。

都市部と過疎地の連動

待機児童問題は、それ自体は都市部などの人口集中地域の問題であるが、地方や過疎地域の保育にもつながっている。ただ受け皿を増やし、条件を緩和することによって待機児童問題を解消するならば、保育の質の低下を招くと言った。それは、都市部の話にとどまらないのである。というのは、日本の保育行政は、全国一律の部分が大きいからである。

保育条件を緩和する、つまり基準を引き下げるということは、都市部の保育だけではなく、過疎地域も含めた日本全国の保育条件の引き下げにもつながる。

財源状況が安定している自治体は、国の基準に加えて自治体独自の上乗せを行うことができる。しかし、それができるのは、一握りである。全国的に言えば、財源状況に余裕のない自治体が多い。特に地方はそうである。過疎地域は、住民の減少により財源が悪化している。そこに、保育条件の上乗せをする余裕はない。

つまり、都市部の待機児童問題のために条件を緩和すると、それはそのまま地方に波及し、地方の保育条件を悪化させることになる。つまり、地方や過疎地域においても、より保育の質が低下する。そうすると、地方の少子化が進むことになりかねない。

出生率の低い地域は、おおむね都市部である。その典型が東京である。そして、待機児童問題の大きいのも東京など都市部とその周辺である。

少子化傾向の進む中で、それでも出生率がある程度の水準を保っている自治体は、地方が多い。それも過疎化していく地域である。そのような地域で保育基準が低下するということは、その出生率すら低下することになりかねない。

つまり、お金をかけないで待機児童を解消しようとすると、逆に地方の少子化を招くという事態になりかねない。それは日本全体の少子化傾向を強めることになる。そう考えると、乳幼児保育に対して十分な財源投与を行うことが、結果的に少子化対策になる可能性がある。

第6章　非認知能力と遊び

非認知能力

待機児童の解消を数字のみで追いかけるのではなく、子どもの育ちを保障する保育の質まで視野に入れて考える必要があると述べてきた。それに関連して、近年、乳幼児の保育において話題になっているのが、「非認知能力」である。聞いたことがあるという人も多いかもしれない。幼児期の育ちにおいて非認知能力の発達が重要であり、それが将来に大きく影響するというのである。

ここでは、非認知能力の研究内容の詳細には踏み込まないが、大まかには捉えておきたい。認知とは、人間が行う情報収集活動である。そこから、知覚、言語、記憶、理解、判断など多岐にわたる概念を含んでいる。

非認知能力は、認知以外の能力ということで、厳密な定義があるわけではないが、自己抑制、社会性、自己肯定感など、いわゆる人間性と呼ばれる部分にかかわるところとみなされている。

これをみると、非認知能力は、いわゆる学校の試験の成績などとは直接関係なさそうに思える。実際、性格はいいが成績はぱっとしない子ども、その逆に成績はいいが性格的に難ありと言いたくなる子どもなど、思いつく例はいくつでもある。

そういう意味では、認知能力と非認知能力は別であり、個別に捉えた方がいいというのが、従来の考え方であった。たとえば、学校で「知育・徳育・体育」と言ったとき、知力の教育、道徳の教育、身体の教育と別々に捉えていることになる。もちろん、まったく無関係ということではないが、個別に捉えることが一般的である。

また、苦手教科があると、その教科を重点的に勉強するというやり方が普通である。算数が苦手だから、算数の勉強の時間を増やそうという具合に。これも、能力の発達は分野別になされているという考え方である。

しかし、発達研究においては、人間の発達は総合的なものであり、丸ごと1つの総体として捉えるという視点が重視される。そして、お互いに関係し合っており、他と独立した領域というものはないと考えられる。

近年、非認知能力が話題になるのは、非認知能力と認知能力とは関連が深い、という部分である。認知能力を伸ばすために勉強ばかりさせるより、非認知能力を伸ばすことが大切であり、それが成績にも関連すると言われるようになった。

そして、非認知能力を伸ばすには、幼児期の遊びが大切であるということで、遊びがクローズアップされてきている。このことは、悪い傾向ではないが、しかし、諸手を挙げて賛成できるかというと、それもしかねるところである。

なぜか。それは、待機児童問題を捉える視点と共通のものを感じるからである。

待機児童問題は、古くからある問題であったにもかかわらず、社会の中で隠されてきた。それが表面化するには、長い時間がかかっている。そして、表面化してからは、数合わせが優先され、保育の質など子どもの育ちにかかわる部分が軽視される傾向にある。

それと同様の構造が、非認知能力の流行にも見られるのである。

非認知能力が日本で一般的に注目されたのは、ノーベル経済学賞を受賞したヘックマンが、「非認知能力を育てることが生涯収入を増加させ、貧困からの脱却を可能にする」と、経済学的な視点から『幼児教育の経済学』という本にまとめ、それが2015年に翻訳されたことによる。子どもの発達研究としては古くから知られている「マシュマロ実験」などを取り上げながら、経済学的な視点からまとめたものであり、それに関する類書もいくつか出版されている。

ヘックマンの主旨は、子どもの貧困からの脱却であることからわかるように、非認知能力の発達と生涯収入との関連に重点が置かれている。言い換えれば、非認知能力の発達こそが、生涯収入の増大すなわち人生の成功を約束するというような、短絡的な理解のされ方につながる危険性を秘めている。それはヘックマン自身の主張とはズレるのであるが、日本での受け取り方は、そのようなものになっている。

つまり、「ああすればこうなる」という、単純直接的因果関係的な考え方である。非認知能力が人生の成功（それは収入の多寡として示される）につながる。非認知能力は、遊びによって育つ。では、非認知能力が育つような遊びを子どもに教えることがいいことだ、となってくる。

幼児教育を強調する危うさ

２０１７年３月に「学習指導要領」が改訂告示された。本格実施は、小学校が２０２０年度、中学校が21年度である。学習指導要領の改訂は、いつも大きなニュースになる。それはすべての子どもとその家庭にかかわる出来事だからである。今回の改訂でも、いくつかのニュースが流れた。小学校の英語の授業はどうなるのか、「鎖国」の扱いをどうするか、暗記より思考力重視、などメディアを賑わしたが、それらは、「ゆとり教育からの決別」（馳浩文部科学大臣＝当時、2016年5月の発言）という大きな方向性と関連づけられて取り上げられている。

学習指導要領は非常に大部のものであり、専門性も高い。それを外部の人間が的確に理解するのは容易ではない。そのため、ニュースなどのトピックなどでは、わかりやすさを優先して説明しようとする傾向が強い。わかりやすさ、が必ずしも正確であるとは限らない。教育のような非常に複雑な営みにおいては、特にそうである。しかし、教育に関心を持つ人は非常に多い。その中で、トピックの一人歩きが始まる。

「ゆとり教育からの決別」が、子どもにたくさん勉強させるやり方がこれから主流になるのだ、と理解されて広まっていく可能性がある。授業時数の増加など、確かにそういう側面もあるが、単に勉強時間を増やすということではないはずである。

学習指導要領と同時期に、幼稚園教育要領、保育所保育指針、幼保連携型認定こども園教育・保育要領も改訂告示された。この3つは、小中学校の学習指導要領に相当するものである。そこで話題になっていることが、「幼児教育の重要性の強調」である。保育施設には、保育

図表6－1　資質・能力の3つの柱に沿った，幼児教育において
育成すべき資質・能力の整理イメージ（たたき台）

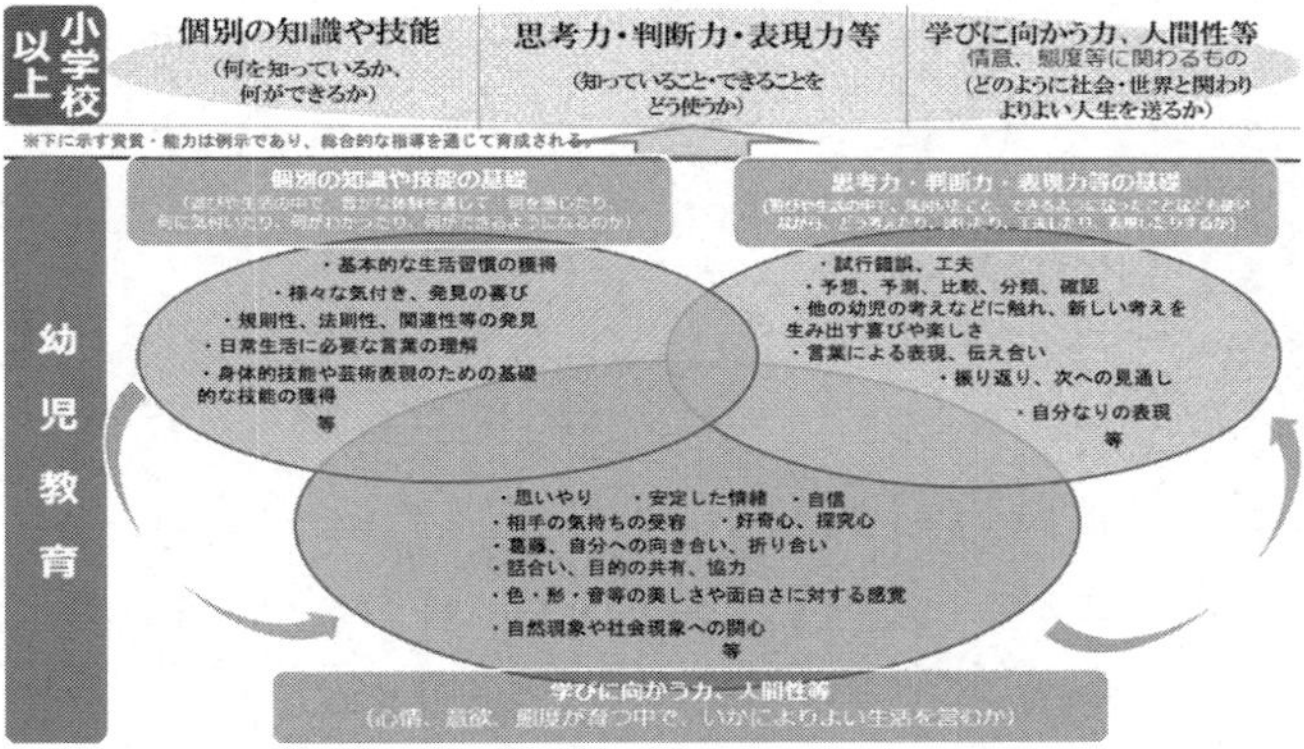

出所：文部科学省ホームページ。

所、幼稚園、認定こども園があり、それぞれに保育内容が定められている。それらに共通して、「育みたい資質・能力」として次の3つが示されている。

・豊かな体験を通じて、感じたり、気付いたり、分かったり、できるようになったりする「知識及び技能の基礎」

・気付いたことや、できるようになったことなどを使い、考えたり、試したり、工夫したり、表現したりする「思考力、判断力、表現力等の基礎」

・心情、意欲、態度が育つ中で、よりよい生活を営もうとする「学びに向かう力、人間性等」

これを、文科省は図表6―1のようなイメージ図で説明している。

これをみると、「知識及び技能の基礎」「思考力、判断力、表現力等の基礎」とあるように、知識、技能、思考力などを直接育てるというより、その基礎、土台になる部分を幼児期に育むことが示されている。また、「学びに向かう力、人間性等」と、学んだものではなく、学ぼうとする意欲、そして幼児期にふさわしい人間性を育む、ことなどが示されている。

これらが、幼児期に育ってほしいものとして、保育所、幼稚園、認定こども園のどれにも共通するものとして提示された。このようなことが、幼児教育の重要性の強調として、一般的には理解されている。

その時に危ういことの1つが、幼児教育が重視されたから、保育所や幼稚園でも、小学校の授業のようにきちんと学習させるような活動をすべきだという理解である。確かに、小学校の教育においては、授業が主である。もちろん授業だけが教育ではないが、授業活動が小学校教育のメインになっているのは確かである。そして、授業の形態は、班活動やディスカッション形式などもあるが、時間割に沿って各教科ごとに子どもが一斉に授業を受けるという仕組みになっている。

このような形態を保育施設において取り入れることが、幼児教育なんだという理解の仕方は多い。これは明確に間違いである。保育内容については、どこにも小学校の授業のようなやり方をしなさいとは書かれていない。むしろ、小学校の教科ごとの授業のやり方とは異なるということが、示されている。しかし、「ゆとり教育からの決別」は、幼児期にも影響しかねない。だからこそ、幼児期の子どもの育ちにとって大切なものは何か、ということを見失ってはいけない。

保育においては、遊びを中心とした活動を通して、子どもは学び発達するということが、保育内容として示されている。それは、保育所、幼稚園、認定こども園すべてに共通している。それが幼児期の教育すなわち幼児教育である。

その上でであるが、育みたい資質・能力として示されているのは、基礎とか人間性とか、非認知能力にかかわるものが多い。そのことが、遊び活動への圧力になっている傾向がある。つまり、非認知能力を育てる遊びという捉え方、そして子どもを遊ばせようとする圧力である。「ああすればこうなる」という考え方で、子どもを遊ばせれば非認知能力が育つ、という考え方が強まっていく。

遊ばせれば非認知能力が育つ、この考え方は、遊びの本質と矛盾する。遊びをどう捉えるかは、さまざまな議論があるが、ここでは小川博久の定義を借用したい。

「遊び」の要素

遊びについてはこれまで多くの人びとが定義をしてきました。そこで、ここでは特定の人の定義をとりあげるのではなく、それぞれの定義に共通な点を考えてみたいと思います。

まず第一に、遊びは遊び手が自ら進んで取り組む活動であるということです。これを遊びの自発性とよんでおきます。つぎに遊びは、遊び手が他の目的をなしとげるために遊ぶのではなく、遊ぶことそれ自体が目的で行われる、活動だということです。例えば、まりつきをやるのはまりつきをしたいからやるということです。これを遊びの自己完結性とよんでおきます。第三に重要な点は、その活動の中に苦しみや緊張を伴うことがあったとしても、最終的には、楽しいとか喜びの感情を伴う活動だということです。これを遊びの自己報酬性とよんでおきます。最後に、遊びは自ら進んでその活動に参加しなければ味わうことはできません。もちろん野球を見て楽しむということも遊びといえないことはありません。心情的には参加しているのですから。でも子どもの遊びに関していえば、自ら参加することは大切な要素です。そこでこれを遊びの自己活動性（あるいは自主性）とよんでおきます。
（小川博久（編）『「遊びが育つ」保育実践シリーズ』（フレーベル館、1990年）より）

ここにあるように、遊びに大事なのは、何をするかという外形的な部分ではなく、内面的な要素である。それを小川は、自発性、自己完結性、自己報酬性、自己活動性と挙げている。つまり、遊びは何よりも、子どもの自発的活動としてなされるものだということである。それゆえ、子どもを遊ばせる、子どもに遊びを教える、となると、子どもの遊びではなくなってしまう。おとなは遊ばせているつもりでも、子どもにとって遊びとして感じられているかは別問題である。おとなが遊ばせようとすればするほど、子どもの遊びから遠ざかるということになる。

また、自己報酬性ということは、遊びは何かのためにするわけではないということである。遊びはそれ自体として完結しているから、自己完結的である。つまり、非認知能力を育てるために遊ぶということが、遊びの本質とは異なることになる。もちろん、遊びは子ども自身がするものであるから、自己活動的である。

このようにみてくると、非認知能力のために遊ばせるという考え方そのものに問題があることがわかる。子ども自身から遊びが始まり、何かのためにではなく、遊びそのものに没頭するような状態が望ましいのであり、その中で蓄積される経験が、子どもの育ちに結果としてつながるのであり、そこに保育者はかかわるのである。

子どもの遊びが現れるということは、そんなに容易なことではないし、そこで発達の方向性にかかわるというのは、口で言うほど簡単ではない。保育者の重要な役割の1つが、そこにある。保育所であろうと幼稚園であろうと認定こども園であろうと、保育者は、子どもの遊びを通して発達にかかわるのである。その専門性を、社会は正当に評価する必要がある。そして、保育の質を担保する重要要因である保育者の数が、長きにわたって看過されていることに留意すべきである。

第7章　「等価交換」の危うさ

「等価交換」とは

待機児童問題の捉え方、非認知能力の捉え方には共通項がある。それは、等価交換という考え方である。

どういうことかというと、いろんなものをなるべくわかりやすいものに置き換え、それに対する交換基準を考え、その上で等価にするということである。わかりやすいものの代表が、数字である。たとえば、非認知能力が注目されたのは、生涯収入との関連であった。非認知能力は、自己抑制、自尊心、社会性など数字にしづらいものであるが、それが生涯収入という数字と結びついたとき、わかりやすいものになる。非認知能力を伸ばせば、おとなになっていい仕事に就き、収入が増え、人生に成功する、という捉え方である。これがヘックマンの主張とはズレていることは述べたが、実際にはこのような理解のされ方が多い。

いい仕事とは収入が多いことであり、人生の成功は収入によって判断される。一般論としては、人生に大事なことは他にもたくさんあることはわかっていても、収入という数字のわかりやすさにはかなわない。それがクローズアップされていくと、他のものの価値は相対的に小さくなる。非認知能力の発達と生涯年収（人生の成功）とが、等価交換になる。つまり、人生の早い時期に非認知能力に投資すると、おとなになってからそれに見合ったリターンが見込める、という考え方である。

もちろんこのように明示的に言うと、反発する人は多いだろう。人生には大事なことが他にもあるとか、収入の多さだけで成功かどうかは語れないなど、当然の批判が予想される。しかし、ヘックマンの主張が受け入れられる背景には、そのようなことが影響している。たとえば、日経ビジネスオンラインは、２０１４年11月17日にヘックマンのインタビューを掲載しているが、その題が、「5歳までのしつけや環境が、人生を決める」である。

非認知能力の重要性が理解されることはいいことであるが、それが生涯年収というような数値化可能なものとの対比で捉えられる傾向は、必ずしも好ましいことではない。なぜなら、非認知能力を伸ばすために遊びが重要となると、どのような遊びを子どもに与えればいいのか、という、遊びの本質とは異なるところに傾いていくからである。ここに、遊びと非認知能力の発達とを等価交換しようとする発想が見受けられる。そして、子どもが子どもらしい毎日を送ることの重要性は、語られなくなっていく。

このことは、待機児童問題の解消に向けてのアプローチと似ている。まず、待機児童とは何かをきちんと議論しないまま、なるべくその数値を小さくしようとする。それに対して、受け皿の整備を行うが、そこでは数の問題に終始している。保育所のみでは困難であるので、認定こども園の整備を進める。それでも不十分なので、地域型保育事業を新設してきた。また、各自治体では、独自の保育施設を整備し、待機児童の解消に努めているところもある。

この中で、本来、保育所の最低レベルを規制している基準があるのに、その基準を下回る施設を、国や自治体の制度において設置可能にしている。これも、待機児童解消に対する等価交換として進められている。そして、保育の質や子どもの発達保障などは、その方向性の中では後退してしまう。保育の質を数値化するのは困難である。そのため、待機児童数という数字が前面に出てくることになる。

待機児童解消は確かに大きな課題であるが、それが子どもの育ちを犠牲にして行われている現状は、看過できるものではない。そしてそのような事態になっているのは、私たちの社会の持っている、子どもの育ちへの眼差しの弱さである。

子どもは未来の有用品か

等価交換の考え方が危ういのはなぜか。そのことを筆者に気づかせてくれたのが、次の一文であった。

「我々は相互支援の力を意図的に追い求めることはできないということである。意図的に相互支援を求めようとすると失敗する。……我々が相互支援を直接的に求めようとした時、相互支援をする理由、つまり他人を助けることを見失ってしまう。逆説的に言えば、相互支援の力を求め得るのは、相互支援を見返りとして期待しないで他人を助ける時である。」（ウェイン・ベーカー『ソーシャル・キャピタル』ダイヤモンド社、2001年、pp.195–196）

これは、ソーシャル・キャピタル（社会関係資本）についての言説であるが、ここでベーカーは、相互支援は見返りを求めると成立しないことを強調している。一見すると不可解である。なぜなら、相互支援とは、お互いが支え合うということであるから、そこに見返りは当然、生じるものだと思うからである。支える自分と支えられる相手、支えてくれる相手と支えられる自分、そのような関係が互い違いにあって相互支援が成り立つのであるから、「お互いさま」ではないだろうか。

しかし、ベーカーの主張するところを考えていくと、なるほどと思わされる。見返りを求めることは等価交換の考え方である。自分が相手を支える、だから相手も自分を支える、これを等価として交換可能とみなすわけである。ここに落とし穴がある。まず、支えるという行為は単純に数値化できないので、等価としてみなすことが困難である。そして、数値的に考えようとしたとき、自分の行為と他者の行為を同等にみなすことが難しい。

自分が相手を支えたことは過大評価し、相手が自分を支えてくれたことは過小評価するのが、一般的である。もちろんこうではないという人もおられるかもしれないが、一般的傾向としてはこうである。このメカニズムが働くと、自分は相手を支えているのに、その分だけ相手は自分を支えてはくれない、という不満につながる。お互いがそういう不満を持っていると、相互支援ではなくなる。むしろ相互不信に陥りかねない。

こう考えると、「情けは人のためならず」という諺は、本質を突いていると言える。間違った意味で使われることも多いが、本来の意味は、他者に情けをかける、つまり親切にすると、めぐりめぐって自分に返ってくる、ということである。ここでのポイントは、見返りを求めて情けをかけるのではなく、情けをかけるという行為はそれ自体で完結するが、しかし人と人とのつながりは途切れることはなく、やがて自分へと巡ってくるというところにある。

つまり、自分の行為を他者との等価交換で捉えないということである。「お互いさま」とは、いい言葉であるが、それを等価交換に当てはめると意味合いが違ってくる。その意味では、「おかげさま」の方が、等価交換ではないことがはっきりする。「おかげさま」は、他者からしてもらったことに感謝し、自分が他者にすることと対比していない。それが、ベーカーの言う、「意図的に相互支援を求めようとすると失敗する」ということである。

待機児童問題の解消に向けての方策が、好ましくない方にズレていきがちなのは、ここに一因がある。待機児童問題がクローズアップされてきた背景には、少子化対策がある。少子化対策は、自分たちの社会の持続可能性についての対策である。少子化傾向が続けば、必然的に日本の社会は消滅する。そうならないための施策である。

それを裏付けるためにさまざまな言説が流布している。社会の活力のために若いエネルギーが必要だ、高齢世代を支えるために若い世代を増やす必要がある、労働力確保のために次世代の増加が必須である、というように、何かのために少子化対策として子育て支援を行う必要があるという言説である。

ここでは、子どもは未来社会の有用品的な位置づけになっている。つまり、未来の社会が困らないように、子どもが増えることが必要で、そのために待機児童解消が必要だという考え方である。ここに等価交換の思考が忍び込んでいる。高齢者が少なく若い世代の多かった時期は、待機児童問題が潜在化したままでなかなか認識されなかったのは、このことも理由になっている。

待機児童問題が顕在化してからは、問題の解決のための方策を数字で捉えることが優先されている。政治や行政側の主張としてよく聞かれるのが、数字やデータを示せ、ということである。それが根拠として優先されるとき、数字にならないものが見落とされていく。そして、待機児童問題の解消は少子化対策の一環であり、未来社会のために子どもをおとなにするということが有用な等価交換であるとみなされる。その有用性を少しでも高めようとして、非認知能力を伸ばすための遊びや内容が議論されることになる。

子どもの「今」を大切に

ここで私たちは、考え方を変えることが必要になる。子どもの「未来」を語ることが、子どもを有用品として捉えていくというおかしさに陥らないようにしなければならない。子どもは、未来のために生きているのだろうか。そうではないだろう。子どもは、「今」を生きている。その積み重ねが、やがて未来を作り出していく。それは等価交換で考えるようなものではない。「今」こそを大切に生きることが必要なのである。

子育て支援も、少子化対策も、待機児童問題解消も、非認知能力の発達も、子どもの「今」を大切にすること、そしてそれを何かのためにというように等価交換で考えないで、見返りを求めずに行うことである。

考えてみれば当たり前のことである。「はえば立て　立てば歩めの　親心」と言われる。これは、ハイハイをしていたらもうすぐ立ち上がるなあ、立つようになったらもうすぐ歩き始めるのだ、と子どもの成長を楽しみに待ちかねている心情を表している。「ハイハイしているんだから早く立て、立ったんだから早く歩け」と子どもを急かしているものではない。

そのように急がせるのも、早くするとよいかのように思ってしまうからである。立って歩くのが早い、字の読み書きが早くできるようになるなど、急がせることが将来につながるという等価交換の考え方である。

しかしながら、子育てには、何かのためではなく、子どもという存在そのものにかかわることの素晴らしさが根底にある。それは、親も保育者も変わらない。いや、すべてのおとなが抱く根源的な気持ちであろう。

そう言うと、見返りを求めずに子育てをするのが当たり前だから、親が全責任を負うべきだ、と追い込むような発言が現れるかもしれない。見返りを求めないのだから支援を求めるべきではない、という主張にもつながりかねない。

ここで忘れられているのが、「情けは人のためならず」である。見返りを求めないから支援をしなくていい、ではなく、見返りを求めていないからこそ支援の手を伸ばしていくというのが、私たちの社会の姿ではないだろうか。

子どもの「今」が大切にされる、そのような在り方に変わっていくその先に、子どもが子どもらしく生きることのできる社会が出現することを期待したい。

おわりに

少子高齢化社会と言われて久しい。出生数の減少だけでなく、人口減少のペースも上がっている。表面的に見れば、子どもや子育てを支援する仕組みは、従来よりも届きやすくなっていると考えてしまう。しかし現実には、子どもの生きにくい社会になりつつあるように思われる。その象徴が待機児童問題である。

近年、マスメディアで取り上げられることが多くなった。そのために、待機児童問題は最近の課題であると思われがちである。しかし、その根っこは、私たちの社会に長年にわたって隠されてきたものである。

なるべく早く待機児童問題を解消したい。その気持ちは強い。しかし、場当たり的な施策では対応できないのではないか。その根っこのところを掘り下げる必要があるのではないか。そのような思いで筆を進めてきた。

本書を含む保育大学新書シリーズは、故大場幸夫先生の企画の元に立ち上がったものである。その一環として『子育て支援の危機―外注化の波を防げるか―』を上梓したのが、もう10年前になる。その間、保育や子育てを取り巻く状況は、大きく変化してきた。このような変化に即応するのが本シリーズの意図の1つであり、今回の執筆に至った気持ちである。本書を上梓することにより、大場先生のご生前の思いを汲みつつ、そのご恩に少しでも報いることになればと願っている。

最後に、本書の出版を快く引き受けてくださった、創成社社長の塚田尚寛氏、編集の労を取って下さった西田徹氏に深く感謝申し上げます。

《著者紹介》

前原　寛（まえはら・ひろし）

東京大学文学部心理学専修課程卒業。筑波大学大学院文芸言語研究科応用言語学専攻修士課程修了。

現在，社会福祉法人至宝福祉会理事長。光明寺住職。

そのほか，鹿児島国際大学，第一幼児教育短期大学等で非常勤講師を務める。

法人理事長として２カ所の保育園等を経営しながら，保育現場の言語化を自らの課題としている。


【主要著書】


『子育て支援の危機―外注化の波を防げるか―』創成社，2008年。

『保育者論』（共著）萌文書林，2012年。

『保育課程の研究』（共著）萌文書林，2009年。

『保育は<子ども>からはじまる』ミネルヴァ書房，2005年。

『大丈夫？「心」の子育て』南方新社，2004年。

『保育者が出会う発達問題』（共著）フレーベル館，2001年。

『いい子に育ててごめんなさい』南方新社，1997年。

ほか。


（検印省略）

2018年６月20日　初版発行　　略称―子どもの今

子どもの「今」を護れるか
―待機児童問題から見える社会の姿―

著　者　前　原　　寛
発行者　塚　田　尚　寛

発行所　東京都文京区春日２－13－1　株式会社　創　成　社
電　話　03（3868）3867　ＦＡＸ　03（5802）6802
出版部　03（3868）3857　ＦＡＸ　03（5802）6801
http://www.books-sosei.com 振　替　00150-9-191261

定価はカバーに表示してあります。

ISBN978-4-7944-5066-1 C3234
Printed in Japan

組版：スリーエス　印刷：エーヴィスシステムズ
製本：宮製本所
落丁・乱丁本はお取り替えいたします。

創成社保育大学新書シリーズ刊行にあたって

このたび、保育大学新書シリーズを刊行することになりました。

保育実践に関する本の数は膨大なものであります。とりわけ、保育現場の要請に応えるかたちで、実践のノウハウに関する著書がその大半を占めています。地域の子育て家庭の支援などが保育現場の重要な役割として評価をされ期待される時代ですから、この傾向は、衰えるどころかむしろ増加の傾向にあるといえましょう。そのように保育者に求められる知識や技術は実際的な生活支援という直接的な働きにとって欠かせない情報であるからでしょう。

このことを了解しながら、もう一方で、とくに最近の保育現場では、質の高い保育を求め、その質を確実に担う専門職としての保育者にも高い専門性を求められる気運が生じて参りました。折しも、本シリーズ刊行の年に、保育所保育指針が改定されました。指針が告示化され最低基準の性格をもつことになったのです。養護と教育の一体となった実践は、専門的な保育者によって、組織的で計画的な実践の営みを通して、子どもの最善の利益を護る生活の場を構築するという重要な役割であることを、これによって確認できたのです。

このような情勢を踏まえ、今回の企画は、実践の限られた世界を超えて、子どもの世界、子どもを支えるおとなの取り組みなど、幅広くそしてより深く自らの専門役割を認識し、保育実践を見据えることのできるように、興味深いテーマごとに刊行をしてまいります。

本シリーズの中から、〝この一冊〟を手にされ、そこに展開されるテーマの奥行きに触れるとき、新たな保育の地平線に立つご自身であることをお気づきになられるに違いありません。そのような保育大学新書シリーズとして、保育に関心をおもちの多くの皆様に、お読みいただけることを願うものであります。

大妻女子大学学長　大場幸夫